Helga Edleditsch

W0089649

Entdeckungsreise Rhythmik

Grundlagen, Modelle und Übungen
für Ausbildung und Praxis

Don Bosco

Die Deutsche Bibliothek – CIP-Einheitsaufnahme

Ein Titeldatensatz für diese Publikation
ist bei Der Deutschen Bibliothek erhältlich.

2. Auflage 2001 / ISBN 3-7698-1079-1
© 1998 Don Bosco Verlag, München
Umschlag: Michael Brandel
Umschlagfoto: Sigrid Reinichs
Fotos innen: Herbert Edleditsch
Zeichnungen: Tanja Troberg
Gesamtherstellung: Don Bosco Grafischer Betrieb

Gedruckt auf umweltfreundlichem Papier.

Inhalt

3. Der Impuls und was daraus wird ...
Die Übertragungsmöglichkeiten rhythmisch-kreativer
Grundspielformen entdecken 66

Vorwort: Wie es begann …

Sie kennen sicher auch das Gefühl, wenn etwas im Kopf herumspukt. Zuerst ist da nur ein flüchtiger Gedanke, der plötzlich auftaucht, im Alltag wieder verschwindet, allmählich konkreter wird, Strukturen annimmt, wieder verworfen wird.

Die Idee zu diesem Buch, der gedankliche Impuls, einmal vorhanden, drängte sich – allen Bedenken zum Trotz – immer mehr ins Bewusstsein. Das Bedürfnis, die Erfahrungen, Erkenntnisse und das Wissen aus vielen pädagogischen und rhythmischen Berufsjahren zusammenzufassen, wuchs.

Die aus der Praxis kommende, schriftliche Darstellung der Rhythmischen Erziehung ist beeinflusst von den Erfahrungen und Erkenntnissen der Person, die darüber schreibt. Sie ist beeinflusst von Vorbildung, Ausbildung, von Berufserfahrung und persönlicher Biografie. Sie bleibt daher bei allen Versuchen, objektiv zu sein, bis zu einem gewissen Grad subjektiv.

Die Rhythmische Erziehung war und ist, wie alles Lebendige, vielen Strömungen unterworfen und wird mit dieser „subjektiven Objektivität" praktiziert. Grundsätzliches bleibt jedoch Grundlage, Wichtiges bleibt wichtig, Prinzipien wie z.B. das des „Rhythmischen Ausgleichs" bleiben von zeitlichen Veränderungen unbeeinflusst. Rhythmisches Erleben geschieht in der Gegenwart, im „Hier und Jetzt", wird von der Vergangenheit mitbestimmt und prägt für die Zukunft.

Rhythmiklehrer/-innen sind geprägt von den Schwerpunkten ihrer Ausbildung, sie bringen ihre Vorerfahrungen als Lehrer/-innen, Erzieher/-innen, Heilpädagog/-innen, Therapeut/-innen, Musiker/-innen usw. in die rhythmische Arbeit mit ein. Mein beruflicher Hintergrund ist die Heimerziehung, die rhythmisch-musikalische Arbeit mit Kindern und Jugendlichen, vor allem aber die rhythmisch-kreative Arbeit mit jungen Erwachsenen als Dozentin an einer Fachakademie für Sozialpädagogik und als Referentin bei Fortbildungen für Pädagog/-innen und Rhythmiklehrer/-innen sowie meine Zusatzausbildung als Gestaltpädagogin.

Der Begriff der „Entdeckungsreise" im Titel steht als Metapher für die Lebendigkeit der Rhythmik: Auf Entdeckungsreise zu gehen heißt mobil sein, es heißt, interessante und neue Orte anzupeilen, Vertrautes wieder aufzusuchen und an bekannten Zielen Neues zu erleben. Reisen bedeutet, Zeit und

Rhythmische Erziehung wird mit „subjektiver Objektivität" praktiziert.

8

Raum zwischen Zielen mit Wegen und Inhalten zu füllen, mit Anstrengung, Spannung, Aufmerksamkeit umzugehen; es erfordert oft, aus einer Situation heraus spontan zu handeln, sich neu zu orientieren. Wenn die Reise nicht nur ins Blaue führen soll, müssen Abläufe strukturiert, geordnet, durch sinnvolle Begrenzungen gesichert werden. Nicht selten ist der Reiseweg in seiner Dynamik und mit seinen Bildungs- und Ruhestationen wichtiger als das Ziel.

Mit der Rhythmik verhält es sich ganz ähnlich: Es wird mit „Freiheit in einer Struktur" gearbeitet, Wege sind gekennzeichnet, aber nicht streng vorgegeben, und werden individuell gestaltet, (Lern-)Ziele werden angestrebt, aber es gibt keine allgemein gültige Norm, wie sie erreicht werden sollen. Dem „Ich" begegnen auf diesem Weg das „Du" und das „Wir". Dieser „Reiseweg" ist gleichermaßen einfach wie anspruchsvoll.

Es ist das Anliegen dieses Buches, die „Rhythmisch-kreative Erziehung" bzw. den „Rhythmisch-kreativen Ansatz" als sinnvolles und spannendes Erziehungsprinzip vorzustellen, das über das Kennenlernen reflektiert, verarbeitet und in den pädagogischen Alltag integriert werden kann – nicht im Sinne von vorgefertigten Rhythmikstunden, sondern als Hilfe bei der Bewältigung pädagogischer Aufgaben. Ausgangspunkt und Grundlage der Betrachtungen ist die praktische Arbeit mit jungen Erwachsenen.

Ich verwende die Begriffe „Rhythmik" und „Rhythmische Erziehung", weil sie eingeführt und bekannt sind. Noch treffender für meine Arbeit erscheinen mir aber die Bezeichnungen „Rhythmisch-kreative Erziehung" bzw. „Rhythmisch-kreativer Ansatz", die vor allem im praktischen Teil des Buches benützt werden.

Im Text wähle ich die weibliche Form der Anrede, was Franziskus, Andi, Roland, Christian, Stefan und andere Männer nicht hindern sollte, sich angesprochen zu fühlen. Meine Erfahrungen mit jungen Männern in der Rhythmik sind durchaus positiv – vor allem wenn die erste Hürde überwunden, das erste Sich-Einlassen-Können erlebt wurde. In dieser Hinsicht unterscheiden sie sich nicht von Frauen.

Ich lade Sie ein, die Erforschung des Rhythmisch-Kreativen in Angriff zu nehmen und wünsche Ihnen dabei interessante Entdeckungen für sich und Ihre pädagogische Arbeit.

Helga Edleditsch

Rhythmik hilft bei der Bewältigung pädagogischer Aufgaben.

Einladung zur Erforschung des Rhythmisch-Kreativen

1. Nicht neu – aber gut!
Den pädagogischen Ansatz der Rhythmik entdecken

Pädagogik und Erziehung

Der Mensch des 20. Jahrhunderts ist seit Jahrzehnten in zunehmendem Maß starken Veränderungen seiner Lebensstrukturen unterworfen. Überlieferte Wertvorstellungen werden in Frage gestellt, verworfen, ausgetauscht.

Die Technik, speziell die neuen Kommunikationstechniken, verlangen eine neue Form der Anpassung und des Lernens. Die denkende Maschine wird Partner des Menschen, Computeranimation ersetzt handwerkliche Fähigkeiten, Internet bringt die Welt ins Haus.

Gesellschaftlicher Wandel erfordert eine lebendige Pädagogik.

Welche Rolle spielt in dieser veränderten Lebenswelt die Pädagogik beziehungsweise die Erziehung? Erziehung ist etwas Lebendiges und daher ebenso ständig im Wandel: Soziokulturelle Gegebenheiten, Raum- und Zeitstrukturen, Norm- und Wertvorstellungen einer Gesellschaft beeinflussen Richtung und Intensität der erzieherischen Einwirkung.

Übergeordnetes Ziel von Erziehung ist es, Kinder und Jugendliche zur Mündigkeit zu führen, ihnen Hilfestellung zu geben, das eigene Leben in und mit der Gemeinschaft lebenswert zu gestalten, wobei individuelle und soziale Komponenten in einer Wechselwirkung stehen.

Der Pädagoge Hubert Wißkirchen sieht in der „Innerseelischen Lebenstüchtigkeit" ein Ziel der Erziehung: Die Erreichung dieses Ziels setzt die Wahrhaftigkeit, die „innere Identität des Erziehers" voraus. „… ohne sie kann kein Mensch auf Dauer eine Erziehung initiieren, die wünscht, dem Kind ein möglichst ganzheitlicher Partner zu sein. Hierbei geht es keineswegs darum, im heute oft strapazierten Wort der ‚Ganzheitlichkeit' eine Person zu sehen, die ohne Fehl und Tadel ist. Im Gegenteil, gerade das Zulassenkönnen und Miteinbringen eigener Fehler und ‚blinder Flecken' bewirkt erst das, was wir unter einer ‚ganzheitlichen Erziehungsperson' verstehen." Fazit für eine geglückte Erziehung könnte demgemäß „sinnerfüllte Lebensbasis" sein.[1]

Die Rhythmik, die sich als ganzheitliches Erziehungsprinzip versteht, will mit der Wirkung von Rhythmus, Klang und Bewegung einen wichtigen Beitrag im Rahmen dieser Ganzheitlichkeit leisten. Eine Rhythmisierung in der Pädagogik soll vor allem die kreativen und gestaltenden Kräfte mobilisieren und den Menschen beim Kräftespiel des Innen und Außen, des Ich und Wir unterstützen.

Rhythmik als ganzheitliches Erziehungsprinzip

Rhythmik als sinngestaltende Pädagogik

Rhythmus – ein ordnendes Lebensprinzip

Zum Rhythmusbegriff gibt es eine Vielzahl von Aussagen, die uns in den unterschiedlichen Bereichen, in der Musik, in der Biologie, in der Medizin, der Psychologie, der Soziologie usw. begegnen:

„Rhythmus ist zeitlich gegliederter Ablauf" (Goodman, 1971)

„Ein Rhythmus ist dadurch gekennzeichnet, dass zwischen den Polen eines Spannungsfeldes eine ständige Bewegung, ein Hin und Her, ein Auf und Ab besteht, wobei die eine Bewegung immer schon die andere vorbereitet und der eine Pol das Gegenstück zum anderen ist." (Stangl, 1974)

Wahrnehmung und Bewegung sind eng mit dem Rhythmus verbunden, dies drückt schon Platon aus mit der Feststellung: „Rhythmus ist Ordnung in der Bewegung."

Und Aristoxenes' Ansicht deckt sich weitgehend mit heutigen Vorstellungen vom Rhythmus: „Rhythmus ist Ordnung von sinnlich wahrnehmbaren Teilen, die die Zeit in Abschnitte gliedert. Rhythmus entsteht nur dann, wenn die Teile in ein ordentliches Verhältnis gebracht werden."

Noch verständlicher werden diese Aussagen, wenn wir an die regelmäßige Struktur von Naturvorgängen denken,

Der Rhythmus

---

[1] Hubert Wißkirchen, Die wiederentdeckte Erziehung, München 1996, S. 70 und 80

zum Beispiel an den Rhythmus von Ebbe und Flut, von Tag und Nacht, an den Rhythmus der Jahreszeiten. Auch unsere Atmung ist rhythmisch geordnet in Ein- und Ausatmung.

Wir verwenden den Begriff Rhythmus oft, um Gefühl und Befindlichkeit auszdrücken: „Ich habe meinen Rhythmus gefunden, verloren", „Das ist mein Lebensrhythmus, mein Tagesrhythmus, mein Biorhythmus ..." Rhythmus bedeutet Ordnung, Bewegung, Leben ...

Das Prinzip der Ganzheitlichkeit

Die Rhythmik

Die „Rhythmik" oder die „Rhythmische Erziehung" bedient sich der Erkenntnisse um den Rhythmus und schafft auf der Basis von Wahrnehmung und Bewusstheit, von Bewegung in enger Verbindung mit dem Klang ihren ganzheitlichen pädagogischen Bildungsansatz. Die Rhythmische Erziehung ist keine neue, moderne Erziehungsform. Sie wurde bereits um die Jahrhundertwende von dem Genfer Musikprofessor Emile Jaques-Dalcroze entwickelt (siehe *Das ABC der Rhythmik*, S. 170) Sie hat viele pädagogische, musisch-künstlerische, therapeutische Ansätze erlebt, überlebt oder diese zum Teil im Lauf der Jahrzehnte in ihre Arbeitsweise integriert.

Zeit, Kraft, Form, Klang, Gruppe in Verbindung mit Bewegung, das Experimentieren und Improvisieren sind grundlegende Elemente. Diese werden durch Strukturieren und Ordnen in eine „rhythmische Gestalt" gebracht.

Der Mensch nimmt über die Sinne einen „Eindruck" auf, verweilt bei ihm, verarbeitet ihn und macht ihn als „Ausdruck" sichtbar. Die persönliche Gestimmtheit, die individuelle Ausdruckskraft ist dabei von Bedeutung, nicht das genormte „Produkt".

Die Rhythmik kann, ausgehend von diesen Ansprüchen, Basisarbeit für künstlerisch-ästhetische Bereiche (Musik, Tanz, Drama, Pantomime ...) bedeuten.

Amélie Hoellering (siehe *Das ABC der Rhythmik*, S. 170) verwendet das Bild vom fruchtbaren Talgrund, auf dem sich die Hügel, Berge, Gebirge der Künste erheben.

Handelndes Lernen über Körper, Geist und Seele

Lernen in der Rhythmik ist ganzheitlich, d.h. ein Lernen über Körper, Geist und Seele, und findet als Prozessgeschehen im „handelnden Tun" statt. Wahrnehmung der Gegebenheiten Raum,

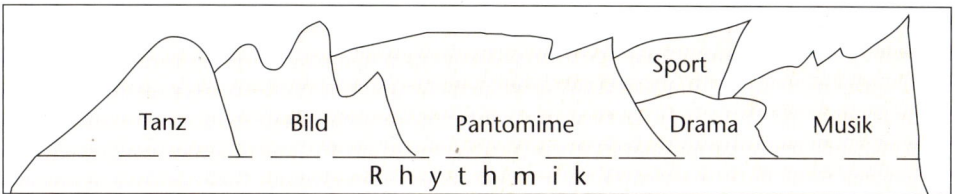

Die Rhythmische Erziehung will die kreativ-schöpferischen Kräfte, die jeder Mensch in sich trägt, mobilisieren, fördern, unterstützen.

Kreativ zu sein, ist heutzutage ein oft artikulierter Anspruch und Kreativität ist mittlerweile ebenso wie Ganzheitlichkeit ein beliebtes, oft verwendetes Schlagwort.

Doch was bedeutet Kreativität eigentlich? Kreativ sein heißt schöpferisch sein – aus Vorhandenem Neues ableiten, Nicht-Vorhandenes entdecken, Althergebrachtes umgestalten. Diese Fähigkeit, sich neu formend einzubringen, ist für alle Lebensbereiche von großer Bedeutung.

Kinder brauchen offene, kreative Lern- und Erfahrungsbereiche zur Formung ihrer schöpferischen Persönlichkeit ebenso nötig wie Erwachsene. Man könnte auch formulieren: Erwachsene haben offene, kreative Lernerfahrungen mindestens genau so nötig wie die Kinder.

Auf die Frage nach dem Sinn der Rhythmischen Erziehung ergeben sich Antworten, die so vielfältig sind, wie die Rhythmik selbst.

Rhythmik ist wichtig, um

Wozu Rhythmik?

- Lernbedingungen zu schaffen, die den Menschen ganzheitlich, nicht nur „über den Kopf" beeinflussen;
- Wahrnehmungsfähigkeit, Bewusstheit, Sensibilität zu steigern;
- Phantasie und Ideenreichtum anzuregen und im aktiven Tun umzusetzen;
- spontanes Handeln zu ermöglichen und flexibles Handeln zu erweitern;
- eigene Handlungsprozesse in Gang zu setzen (handeln statt reden);
- Selbstbewusstsein und Entscheidungsfreude zu unterstützen;
- Ahnung zu bekommen von absichtsfreiem und spielerischem, nicht ausschließlich zweckgerichtetem Handeln;
- Raum und Zeit zum Durchatmen und Regenerieren zu geben;
- Kommunikations- und Kooperationsfähigkeit zu erleben, die nicht

ausschließlich auf verbaler Verständigung beruht;

- Fähigkeiten wie Toleranz, Verantwortung, Rücksichtnahme, aber auch Durchsetzungsfähigkeit und Konfliktbereitschaft spielerisch zu erproben und zu erweitern;
- sich des eigenen Rhythmus bewusst zu werden.

Rhythmische Erziehung – Annäherung und Abgrenzungen

Was ist Rhythmik?
Definitionen

„Die Rhythmisch-musikalische Erziehung stellt sich heute die Aufgabe, den Menschen durch die Medien Musik und Bewegung zu erziehen, zu bilden und zu beeinflussen."(*Hannelore Krause*)[2]

„Rhythmik ist Gestaltpädagogik, die ihren Auftrag in der Dynamisierung und Potenzierung von biologisch-leiblichen, geistigen und psychosozialen Bewegungsprozessen sieht." (*Amélie Hoellering*)[3]

Rhythmik aktiviert Entwicklungsprozesse.

„… Rhythmik ist Erziehungsgeschehen, das sowohl musik- und bewegungserzieherische Ziele als auch allgemeinerzieherische Ziele anstrebt; ist Erziehungsgeschehen, das menschliche Entwicklungsprozesse aktiviert, unterstützt, fördert, lenkt, korrigiert, d.h. als Erziehungsgeschehen Erziehungsmaßnahme, die Erziehungshilfe leisten kann." (*Brigitte Vogel-Steinmann*)[4]

„Der Rhythmisch-kreative Ansatz ist Unterstützung einer ganzheitlichen Persönlichkeitsbildung auf der Basis von Musik und Bewegung. Bewusste Wahrnehmung, sensomotorische Förderung, nonverbale Kommunikationsformen, das Moment des Spielerischen kennzeichnen dieses Erziehungsprinzip. Ausgangspunkt dabei ist nie die vorgegebene Norm, gleich welcher Art, sondern die individuelle Persönlichkeit im Hier und Jetzt." (*Helga Edleditsch*)[5]

Dem Begriff des Rhythmischen begegnen wir in vielen musisch-pädagogischen und therapeutischen Diszipli-

---

[2] Hannelore Krause, Blätter zur Berufskunde, Bielefeld 1970, Seite 2-II B 32

[3] Amélie Hoellering, Tagungsprotokoll der Tagung Waldenberg, 1982

[4] Brigitte Vogel-Steinmann, Was ist Rhythmik?, Regensburg 1979

[5] Helga Edleditsch, Identitäten (Diplomarbeit Gestaltpädagogik), München 1996

nen, z.B. in der Eurhythmie, in der Rhythmischen Sportgymnastik, in der Rhythmustherapie usw. Wechselbeziehungen, Überschneidungen und Zusammenhänge zwischen diesen Bereichen und der Rhythmik sind oft festzustellen, Abgrenzungen manchmal schlecht, manchmal aber auch sehr deutlich zu erkennen. Im Gespräch mit Erzieherinnen und Therapeutinnen wird das Problem der Abgrenzung immer wieder deutlich, daher möchte ich hier ohne Anspruch auf Vollständigkeit die Unterschiede zu einigen Bereichen aufzeigen.

Rhythmik und Therapie:
Die Rhythmik will grundsätzlich nicht therapieren, also heilen. Therapeutische Wirkungen sind durch die ganzheitliche Arbeitsweise jedoch nicht auszuschließen. Typische Aufgabenstellungen aus der Rhythmik werden allerdings bewusst oder unbewusst in viele therapeutische Methoden mit einbezogen (z.B. Raumerfahrung, Bewegungsbegleitung durch Klang, bestimmte Bewegungsformen ...). Therapie, gleich welcher Art, hat andere Ziele, andere Methoden und andere Ansätze, setzt andere Ausbildungen voraus. Sehr oft wird in der Therapie mit dem einzelnen Menschen gearbeitet, während die Rhythmik Gruppenunterricht ist.

Es gibt außerordentlich viele therapeutische Strömungen und Ansätze. Hier werden nur jene angeführt, die oft mit der Rhythmik in Verbindung gebracht werden:

Rhythmik unterscheidet sich von Körpertherapie/Tanztherapie/Musiktherapie/Psychotherapie/Verhaltenstherapie/Gestalttherapie/Psychomotorischer Übungsbehandlung ...

Rhythmik und Sport- und Bewegungserziehung:
Sport ist körperliche Bewegung in vielen Variationen: Training von Ausdauer, Kondition, Kraft, Geschicklichkeit oder Schnelligkeit. Übung und Leistungssteigerung sind zentrale Aspekte. Sport macht fit für viele Lebenslagen, kann dem Aggressionsabbau (des Einzelnen und der Massen) dienen, ist oft wichtiger Bestandteil des alltäglichen Lebens und übt in seiner Dynamik eine faszinierende Wirkung auf viele Menschen aller Kulturen aus.
Sport ist längst schon nicht mehr „nur" Freizeitbeschäftigung. Ganze Sportindustrien halten die Wirtschaft in Schwung, zahlreiche Leute beschäftigen sich aktiv oder passiv mit dem Sport.

Die Rhythmik ist ebenfalls Bewegungserziehung, allerdings mit anderen

Was Rhythmik nicht ist
Abgrenzungen

Ubung und Leistungssteigerung kennzeichnen den Sport.

1. Nicht neu – aber gut! Der pädagogische Ansatz der Rhythmik

Leistung, Wettbewerb und Konkurrenz widersprechen den Grundideen der Rhythmik.

Schwerpunkten. Grundsätzliche Sichtweisen der Rhythmik, vor allem die kreativen Aspekte oder die andere Einstellung zu Leistung, Wettbewerb und Konkurrenz könnten vor allem dem Schulsport Impulse geben.

Rhythmik im Bereich der Bewegungserziehung unterscheidet sich von Gymnastik/Rhythmischer Sportgymnastik/Jazzgymnastik oder Jazztanz/Aerobic/Folkloretanz/Cirkeltraining mit Musik/Ballett/New Games …

Rhythmik und Musikerziehung:
Der Bereich Rhythmik kommt als Unterrichtsangebot auch in vielen Musikschulen vor. Inhaltlich finden sich hier jedoch oft Aspekte der „Musikalischen Früherziehung" die mehr auf den Erwerb musikalischer Fähigkeiten, auf „Handwerkszeug" (z. B. das Erlernen eines Instruments, das Einprägen von Noten …) abzielen.

Grundlegende Unterschiede, vor allem was den methodischen Ansatz und die Zielvorstellungen anbelangt, finden wir auch zwischen Rhythmik und „Orff-Schulwerk" (Elementare Musik- und Bewegungserziehung) und zwischen Rhythmik und Percussions- und Schlagwerkunterricht etc.

Gegenseitige (positive) Beeinflussung findet dabei immer wieder statt. Nicht ohne Grund ist das Rhythmiklehrerstudium an Musikhochschulen angesiedelt.

Rhythmik im Bereich der Musikerziehung unterscheidet sich von Orff-Schulwerk/Musikalischer Früherziehung/Percussion–, Schlagzeug–, Trommelunterricht/Instrumentalunterricht/Tanz …

Rhythmik und Trainings- bzw. Entspannungstechniken und weltanschaulich-geisteswissenschaftliche Ansätze, die sich mit Wahrnehmung, Musik, Ausdruck, Bewegung befassen:
Die rhythmische Arbeitsweise bezieht als Polarität zur Bewegung gleichwertig Entspannungs- und Ruhephasen mit ein. Ganzheitlich arbeiten heißt, den geistigen und emotionalen Bezug ebenso herzustellen wie den körperlichen.

Viele (Entspannungs)Lehren basieren auf dem Prinzip der engen Verknüpfung von Körper, Geist und Seele (Psyche), wie zum Beispiel Yoga, Feldenkrais, Sensory Awareness.

Rhythmik ist keine Ideologie und keine Weltanschauung. Dies unterscheidet sie z. B. von der „Eurhythmie" Rudolf Steiners, vom Yoga und anderen (fernöstlichen) Lehren.

In der Rhythmik sitzt oder liegt man nicht auf einer Matte, um zu meditieren oder auf die beruhigende Stimme eines Trainers zu horchen. Man lässt auch die Bilder der momentan so beliebten

Rhythmik- und Musikerziehung beeinflussen sich gegenseitig.

„Phantasiereisen" nicht nur im Kopf ablaufen, sondern verarbeitet sie aktiv in der Bewegung, im Klang.

Der „Rhythmische Ausgleich", das Wohlbefinden nach einem geglückten Rhythmikerlebnis, beruht immer auch auf dem Wechselspiel zwischen Bewegungs- und Ruhephasen.

Auch hier seien aus der Fülle des Angebots nur einige wenige Ansätze angesprochen, die oft mit der Rhythmik in Verbindung gebracht werden.

Rhythmik unterscheidet sich von Yoga/Meditation/Sensory Awareness/Bioenergetik/Eurythmie/Psychotanz/Tai Chi/Phantasiereisen ...

Einsatzbereiche der Rhythmik

Die Rhythmik ist grundsätzlich allen Altersstufen zugänglich. Wir können auf die rhythmische Arbeit in der Kindergarten- und Vorschulerziehung, in der Musikschule und in Freizeitgruppen treffen. Sie begegnet uns in der Ausbildung von Pädagoginnen und Pädagogen unterschiedlicher Richtungen (Erzieher/-innen, Sozialpädagog/-innen, Heilpädagog/-innen, Musikpädagog/-innen ...), in der Sonder- und Heilpädagogik, in der Erwachsenenbildung an Fortbildungsinstituten, Volkshochschulen und Musikhochschulen.

Ein neuer, sehr interessanter Bereich könnte die „Entdeckung" der rhythmischen Arbeit mit Senioren sein.

Für wen Rhythmik?

Rhythmik im Elementarbereich

Am bekanntesten und verbreitetsten ist sicher der Einsatz der Rhythmik im Elementarbereich: Kindergärten, Volkshochschulen und andere (private) Einrichtungen bieten Rhythmikstunden an bzw. arbeiten mit rhythmischen Ansätzen.

Die Rhythmik im Elementarbereich basiert auf der Spiellust und Spielfreude der Kinder, fördert ohne Druck sensomotorische, musikalische und kreative Fähigkeiten und ermöglicht über das Spiel soziales Lernen.

Rhythmik zu unterrichten, erfordert eine qualifizierte Ausbildung.

Der elementare Ansatz der Aufgabenstellungen vermittelt oft den Eindruck, die Rhythmik ließe sich ganz einfach einsetzen, wenn man die entsprechende Fachliteratur zur Verfügung hat, wenn man Instrumente und Materialien benützen kann, wenn man Übungen, Lieder und Spiele kennt. Doch auch für dieses scheinbar einfache Einsatzgebiet gilt: Um gute rhythmisch-kreative Arbeit zu leisten, muss man deren Wirkungsweise „am eigenen Leib" erfahren haben, z.B. in der pädagogischen Ausbildung oder in entsprechend qualifizierenden Fort- und Weiterbildungen.

Rhythmik im Schulkindalter

Rhythmik in der Schule kann (könnte) zum einen das Lernen durch den ganzheitlichen Ansatz unterstützen und intensivieren. Erfahrungen auf der Basis schöpferisch-kreativen Lernens können Grundlage für viele, auch schulische Lernbereiche sein (siehe auch *Berührungspunkte*, S. 166). Konzentration, Koordination, Reaktion, Phantasie und Originalität, soziale Denk- und Handlungsprozesse werden durch Rhythmik unterstützt und gefördert.

Zum anderen bietet die Rhythmik den Kindern einen guten Ausgleich zu den vorwiegend kognitiven Anforderungen des Schulalltags.

Rhythmik ermöglicht ganzheitliche Erfahrungen auf der Basis schöpferisch-kreativen Lernens.

Schulkinder sind bereits stark beeinflusst von den Merkmalen unserer Zivilisation, von der allumfassenden Freizeitindustrie, vom schwarz-weißen Wertungsdenken, vom „fastfood" in allen Bereichen, von Kommunikationsformen, die statt des Menschen oft die Technik zum Partner haben. Viele sind geprägt von Naturentfremdung, geplagt von Ängsten und übersteigerten Leistungsanforderungen bei gleichzeitigem Fehlen von Geborgenheit.

Rhythmik kann kein Allheilmittel gegen Zivilisationsschäden sein, das zu denken wäre naiv und unrealistisch. Die Einbeziehung der Rhythmik in den Schul- und Freizeitbereich ist aber durchaus eine sinnvolle Unterstützung erzieherischer Interventionen.

Leider ist es der Rhythmik trotz geglückter Schulversuche und entsprechender Fachliteratur bis heute nicht gelungen, den ihr gebührenden Platz auch in der Schule zu erobern.

Rhythmik ist kein Allheilmittel.

Rhythmik in der Heilpädagogik

In der Heilpädagogik spielt die Rhythmik seit Mimi Scheiblauer (siehe *Das ABC der Rhythmik*, S. 170) eine große Rolle.

Obwohl sich die Rhythmik nicht als Therapieform versteht, wirkt sie in vielen heilpädagogischen Bereichen unterstützend und fördernd, vor allem durch das Arbeitsprinzip *Begreifen – Erkennen – Benennen*, durch die Einbeziehung von Geräten und Materialien als *Mittler*, durch die Verwendung akustischer oder visueller Signale u.a.m.

Das Menschenbild der Rhythmik begreift den Menschen als individuelle Ganzheit, sie sieht ihn andererseits aber als ein Wesen, das in soziale Strukturen eingebunden ist.

In der Heilpädagogik stellt sich die Rhythmische Erziehung nicht die Frage nach Fehlendem, nach Defiziten, sondern greift die vorhandenen Fähigkeiten des Menschen auf und gestaltet mit diesen Ressourcen die rhythmischen Aufgaben. „Sie lässt die Möglichkeit zu, selbst in einfachsten Lernzielen noch jene Elementarisierung vorzunehmen, die notwendig ist, um kleinste Lernschritte zu vollziehen, ohne je die Ganzheit des Kindes unberücksichtigt zu lassen."[6]

Eine besondere Rolle in der heilpädagogischen Rhythmik spielen die soge-

Begreifen, Erkennen, Benennen als Arbeitsprinzip

---

6 Hans Zihlmann/Hermann Siegenthaler, Rhythmische Erziehung, Hitzkirch 1982, S. 83

**Ordnungs-
übungen ge-
ben Sicherheit.**

nannten Ordnungsübungen, die Sicherheit und Orientierung geben sollen: Mimi Scheiblauer teilt sie in verschiedene Dimensionen ein: Ordnung in den Dingen, in der Gestaltung, in der Zeit, im menschlichen Zusammenleben.

Es ergibt sich aus diesem Ansatz von selbst, dass die Rhythmik nicht auf die „Behandlung" bestimmter Arten von Behinderung abzielt. Sie wendet sich (außer in Anfangssituationen bei geistig Schwerstbehinderten) auch nie an Einzelpersonen, sondern stellt alle Aufgaben in den Zusammenhang sozialer Strukturen. Gerade für Menschen mit körperlichen, geistigen oder seelischen Defiziten ist das spielerische Erfahren der eigenen Person, das Erleben des eigenen Rhythmus, des sozialen Raumes und das Erleben (Erkennen, Benennen) von Dingen von grundlegender Bedeutung.

Rhythmik in der Heimpädagogik

„Jede Gesellschaft verdient die Kinder, die sie erzieht ..." „Wenn wir zulassen, dass mehr und mehr Kinder und Jugendliche in unzureichenden Wohnverhältnissen leben müssen, sie einem Leistungsdruck unterworfen sind, der Ausgrenzung begünstigt, wenn wir zulassen, dass es immer weniger Nischen und Freiräume für eine gesunde Entwicklung von Kreativität und Phantasie und damit verbunden zur Bildung von natürlicher Intelligenz gibt, wenn wir zulassen, dass Kinder physischem Missbrauch und Manipulationen durch die Medien ausgesetzt sind, dann erziehen wir Kinder und Jugendliche in eine bestimmte Richtung, begünstigen, fördern oder unterbinden wir persönliche Entwicklungen, die entweder nutzbringend für die Gesellschaft sind oder aber zu einer Belastung einer freiheitlichen und sozialstaatlichen Gesellschaftsform werden können ..."[7]

**Kinder brau-
chen Nischen
und Freiräume**

Wenn es an Grundvoraussetzungen für eine gesunde Entwicklung in der Familie mangelt oder wenn diese ganz fehlen, werden die Kinder und Jugendlichen in *familienersetzenden* Einrichtungen (Heim, Wohngruppen ...) untergebracht.

Heimerziehung ist in den meisten Fällen im Gegensatz zu den Schauermärchen früherer Zeiten, aber auch zur

---

[7] Karl-Heinz Müller, Heimerziehung und ihre gesellschaftliche Akzeptanz oder: braucht Heimerziehung öffentliches Interesse?, in Unsere Jugend, 10/1996

landläufigen Meinung (z.B. der Boulevardpresse) ein qualifiziertes System, Kinder und Jugendliche bestmöglich zu stützen und zu fördern. Heimerziehung bedeutet aber auch, immer in einen Gruppenprozess eingegliedert zu sein, dem Individualität oft untergeordnet werden muss.

Die Rhythmik in der Heimpädagogik, oft als therapeutische Maßnahme angeboten, will die positiven individuellen, sozialen und kommunikativen Voraussetzungen der Kinder und Jugendlichen fördern und stärken.

Sensomotorische Erfahrungen ermöglichen die Steigerung von Sensibilität, musisch-kreatives Gestalten bietet (notwendige) Erfolgserlebnisse.

Sonderformen rhythmischer Erziehung im Heim, zum Beispiel „Rhythmik für Erzieher/-innen und Kids", Projekte wie „Rhythmikzirkus" oder Rhythmik als „Psychohygienische Maßnahme für Erzieher/-innen" können das Miteinander-Leben erleichtern.

Rhythmik und Jugendliche

Jugendliche sind ein Kapitel für sich – auch in der Rhythmik. Dem Angebot, eine Rhythmikstunde zu besuchen, würde bestenfalls ein Heiterkeitserfolg beschieden sein. Umgekehrt gilt aber auch Folgendes: Jugendliche sind für bestimmte, nicht einmal so wenige Elemente rhythmisch-kreativer Arbeit durchaus ansprechbar. Rhythmisch-musikalisches Experimentieren und Improvisieren mit (für sie interessanten) Instrumenten, wie Bongos, Congas, Trommeln, afrikanischen und lateinamerikanischen Rhythmusinstrumenten, Schlagzeug, E-Gitarre, Keyboard usw. kann vom Ausagieren der Kräfte

und Aggressionen, dem Überwinden von Hemmungen bis hin zum intensiven Kommunizieren mit Hilfe des Klanges führen.

Relevante Themen bzw. Situationen wie Wut, Trauer, Verliebtsein, Konflikte, Ängste, Scham können (nonverbal) in rhythmische Aufgabenstellungen einbezogen werden.

Die Auseinandersetzung mit Körpersprache und Körperausdruck, mit Masken und Schminkfarben etc. kann phantasievoll kreative theaterpädagogische Ansätze herausfordern.

Körperarbeit, bestimmte einfache Formen von Meditation, Wahrnehmungs-

Theaterpädagogische Ansätze

Körperarbeit, Entspannungs- übungen und improvisierte Tanzformen

und Entspannungsübungen und massageähnliche Kontaktübungen bieten bei entsprechend überlegter qualifizierter Anleitung Ruhepunkte.

Tanzformen der „rhythmischen Art", die auf eigener Gestaltung basieren, können das jazzdance- und aerobicgeprägte Bewegungsrepertoire erweitern.

Eine ganzheitliche rhythmische Arbeit mit Jugendlichen erfordert das Wissen um Entwicklungsstand, Bedürfnisse und Belange von Jugendlichen. Die Erfahrung zeigt aber, dass man mit (einem Teil der) Jugendlichen durchaus sinnvoll rhythmisch-kreativ arbeiten kann.

Rhythmik und Erwachsene

Viele Erwachsene wissen wenig von der Rhythmik. Die Rhythmik ist kein (von Illustrierten propagiertes) körperliches Fitnessprogramm, mit dem man Gewicht reduzieren, die Figur modellieren oder Muskeln entwickeln kann. Tangoschritte und Flamenco-Figuren – so reizvoll sie sind – sind ebensowenig Ziel wie Samba-Rhythmen oder Squaredance-Formationen.

„Arbeit" füllt einen großen Teil der Erwachsenenwelt aus. Spiel, schlimmer noch, wertungs- und wettbewerbsfreies Spiel gehört für die meisten Erwachsenen in die frühe Kindheit verwiesen, selbst im Vorschulalter boomen schon die „Lernspiele".

Der Zusammenhang von Spiel – Kreativität – Intelligenz – Leistung kann in der Rhythmik auch für Erwachsene erfahrbar werden. Die Rhythmik möchte Erwachsenen Hilfestellung zum Regenerieren und zur Stressbewältigung anbieten, zweckfreie Spielformen, Spaß und Freude an ästhetisch-kreativem Tun vermitteln.

Rhythmik in der Erzieher/-innenausbildung

Selbsterfahrung und ganzheitliches Erleben sind grundlegende Ansätze rhythmisch-kreativer Arbeit in der Erzieher/-innenausbildung. Die jungen Menschen, die sich entschließen, „erziehen" zu ihrem Beruf zu machen, haben die Entwicklungsphasen als Kinder und als Jugendliche durchlaufen. Sie sollten, geprägt von erzieherischer Einwirkung, Prägung und eigenen Erfahrungen, auf dem Weg zu einer „gesunden, geordneten Persönlichkeit" (*Charlotte Bühler*), zu einem „funktionierenden Ganzen" (*Erik H. Erikson*) sein.

(Auch) im Rhythmikunterricht erhalten die Studierenden die Möglichkeit, sich auf weiterführende Persönlichkeitsbildung einzulassen. Im Lehrplan ist die Rede von „Sensomotorischer Förderung, psychosozialer Förderung und von der Förderung individueller Ausdrucksfähigkeit".

Die eigenen Erfahrungen mit der Rhythmik zuzulassen, daraus zu lernen und diese Erkenntnisse in den pädagogischen Alltag – theoretisch und praktisch – mit einzubeziehen, ist wichtiger Aspekt des Rhythmikunterrichts in der Erzieher/-innenausbildung.

Den Studierenden sollte jedoch auch klar werden, dass die Befähigung, selbst Rhythmikunterricht zu erteilen, ein Mehr an Ausbildung bzw. qualifizierte Weiterbildung verlangt. Denn Kennenlernen eines Prinzips ist nicht gleich „Könnenlernen".

Ein großes Problem liegt darin, dass angehende Erzieherinnen und Erzieher in ihrer Ausbildung nur sehr wenig Rhythmik genießen können – sie ist eines der Fächer mit sehr geringer Stundenzahl. Dies mag damit zusammenhängen, dass – anders als es das Schulsystem vorsieht – Fähigkeiten des Sensibilisierens, Kommunizierens, Wahrnehmens kaum abgeprüft werden können.

Rhythmikunterricht zu erteilen, setzt entsprechende Qualifikation voraus.

2. Wenn Ohren sehen und Füße hören …

Den Praxisansatz der Rhythmik entdecken

Kreatives
Lernen durch
konkrete
Erfahrungen

Von mehr theoretischen Überlegungen im vorangegangenem Kapitel führt die „Entdeckungsreise" nun zur Praxis der rhythmisch-kreativen Erziehung. Es mag vielleicht im ersten Augenblick unlogisch erscheinen, dass Ohren sehen und Füße hören. In der Rhythmik jedoch erwächst diese Sichtweise aus der konkreten Erfahrung.

Sensorische Erfahrungen werden uns über die Sinnesorgane und die damit zusammenhängenden Nervenbahnen ermöglicht.

„Es ist ein feinorchestriertes Zusammenspiel von Muskeln, Nerven und Sinnen, auf das der Mensch bei jeder Bewegung angewiesen ist. (…) Irgendwo in unserer Großhirnrinde verfügen wir stets über ein ‚inneres Bild‘ des Körpers, das es uns ermöglicht, sicher im Raum zu reagieren. So laufen die meisten Bewegungen, weil wir sie schon so oft gemacht haben, automatisch ab und passen sich lediglich flexibel den jeweiligen Bedingungen an. Darüber hinaus ist unser gesamtes sensomotorisches System in erstaunlichem Maße fähig, neue Bewegungsvorgänge zu erlernen, zu automatisieren sowie mit ungewohnten Bedingungen fertig zu werden."[8]

Wir nehmen die Welt also über unsere Sinne wahr, verarbeiten die gegebenen Reize, fügen Erfahrungen und gespeichertes Wissen hinzu und können so neue Zusammenhänge begreifen. Wir erweitern unsere Handlungskompetenz.

Wir sind es gewöhnt, dass wir mit den Ohren hören, mit den Augen sehen, mit Händen und Füßen tasten können, dass unsere Haut Temperaturempfindungen wahrnimmt. Wird ein Sinn irritiert oder fällt er ganz aus, entwickeln oft andere Sinne Alternativen, um einen Ausgleich herzustellen. Viele Aufgabenstellungen der Rhythmik nehmen den Gedanken des „Spielens mit

---

[8] Henning Engeln, in GEO-Wissen, 24/1997

Alternativen" auf und bieten meist verbunden mit Musik Übungsmöglichkeiten, um „Ohren sehen" und „Füße hören" zu lassen.

Zur Illustration dieses Gedankens ein Beispiel, ich nenne es *Zauberwald*:

Die Augen gehen einen Weg durch den Raum, der Weg wird sichtbar gemacht durch Straßen aus Seilen, Holzklötzen, Reifen … Der Weg wird zuerst mit offenen, später vielleicht auch mit geschlossenen Augen beschritten.

Variation: Eine Teilnehmerin schließt die Augen und bewegt sich durch einen „Wald" aus Klängen (die anderen Mitspielerinnen stehen verteilt im Raum und erzeugen Klänge mit einem Instrument oder dem eigenen Körper). Die „Blinde" findet den Weg nur mit Hilfe des Hörens.

Hände können „sehen", wenn sie intensiv einen Tennisball befühlen, Füße „hören" auf ein Tempo, auf die Dynamik einer Musik und machen das Gehörte sichtbar. Raum und Zeit werden durch diese Erfahrungen neu erlebt.

Die folgende Materialsammlung ist nach drei Schwerpunkten gegliedert, aber es soll deutlich darauf hingewiesen sein, dass die einzelnen Bereiche sehr stark ineinander greifen.

Die Beispiele verstehen sich als Anregung und Impuls zum Weiterdenken. Sie stammen aus der Arbeit mit Studierenden der Fachakademie für Sozialpädagogik in München-Harlaching. Die Gliederung orientiert sich am Lehrplan für Fachakademien für Sozialpädagogik in Bayern. Den verschiedenen Spielideen und Übungsformen werden dabei jeweils die mit ihnen verbundenen Zielsetzungen gegenübergestellt.

Beispiele aus der Arbeit mit angehenden Erzieher/-innen

Materialsammlung, Spielansätze und Übungsformen

Grundlage der rhythmischen Arbeitsweise ist das schöpferische Spielen und Gestalten mit den Aspekten *Wahrnehmung* (Sensomotorische Erfahrungen), *Kommunikation* (Psychosoziale Erfahrungen) und *Klang* (Rhythmisch-musikalische Erfahrungen) jeweils in Verbindung mit *Bewegung*. [9]

---

9 vgl. Lehrplan für die Fachakademie für Sozialpädagogik in Bayern, S. 259ff

Sensomotorische Erfahrungen

„… Die Bewegungsmöglichkeiten des eigenen Körpers sollen erprobt, wahrgenommen und erweitert, das Wechselspiel von Sinneseindruck und Bewegung soll deutlich gemacht werden. … Das Bewusstsein für den ganzheitlichen Ansatz, die Verbindung von Körper, Geist und Seele soll gesteigert werden, z.B. bei Aufgaben, die Konzentration, Reaktion, Gedächtnisleistung, Begriffsbildung, Koordination, Phantasieentwicklung u.a. fördern. … Musik und Bewegung stehen dabei nicht einzeln nebeneinander, sondern gehen eine enge Verbindung ein." *(Vorwort zum Lehrplan)*

Die folgenden Spielansätze und Übungsformen fördern das bewusste Erleben und steigern Wahrnehmung und Sinnestätigkeit (siehe auch *Rhythmisch-kreative Grundspielformen*, S. 68ff).

Sehen

„Blicke können töten, heilen, locken, staunen, mächtig sein, kein Sinnesorgan ist wie das Auge. Es nimmt nicht nur wahr …, es sendet auch Signale aus, – Blicke voll Liebe und Hass. Es ist die Einzigartigkeit des Auges, dass es passiv und aktiv zugleich ist." *(Zeit Magazin, 22.11.1996)*

Spielansätze und Übungsformen	*Ziele*
Beobachten, wahrnehmen • andere (einzelne, die Gruppe) • in der Ruhe, in der Bewegung • Merkmale feststellen (Kleidung, Haltung, Ausdruck, Körpersprache) • unterscheiden, differenzieren, benennen, erkennen, beschreiben	▶ Entwickeln der Fähigkeit, ausgehend von der eigenen Person die anderen wahrzunehmen, sie kennenzulernen und wiederzuerkennen, genaues Hinsehen zu lernen und zu üben

Genaues Nachahmen, imitieren

- Spiegelspiele, Schatten
- Führen und Folgen

▶ Bewusstheit für persönliche Grenzen entwickeln (Beachten der Intimsphäre)

Beispiel

Während des Durcheinandergehens im Raum soll nur über Blickkontakt eine Partnerin gesucht werden. Der Blickkontakt soll nicht verloren gehen, auch wenn Abstand und Tempo wechseln.

Schauen

- hinschauen
- sich anschauen
- nachschauen
- wegschauen (Wirkungen erproben und reflektieren)

▶ Sensibel werden für die Wirkung von Blicken

Beispiel

Alle bewegen sich zur Musik im Raum. Auf ein Signal oder bei Musikende treffen sich diejenigen ganz schnell, die z.B. etwas Rotes, Gestreiftes, Gestricktes anhaben, blaue Augen haben, eine Brille tragen …

Wahrnehmung des Raumes und der Umgebung (siehe auch *Ich entdecke den RAUM*, S. 68)

Betrachten von Materialien, Gegenständen, Objekten

- Eigentümlichkeiten: Farbe, Form, Größe, Beschaffenheit; vergleichen, differenzieren, sortieren
- wegnehmen, vertauschen, wiederfinden

▶ Materialien, Spielobjekte, Geräte können Mittlerfunktion übernehmen, die Spielfreude anregen, neue Erfahrungen vermitteln, den Einstieg in bestimmte Situationen erleichtern.

Beispiel Bunte Herbstblätter werden gesammelt, im Raum verteilt auf den Boden gelegt. Alle bewegen sich zur Musik in Kurven, Bögen, Schlangenlinien um die Blätter herum. Bei Musikende nimmt jede das Blatt, das sie am meisten anspricht. Die Blätter werden nebeneinander gelegt, betrachtet, gemischt. Das eigene Blatt soll im Blätterberg wieder gefunden werden.
Variation: Fühlen der Form und Struktur mit geschlossenen Augen.

Begriffsbildung zum Thema Sehen bzw. Nichtsehen

Wechselspiel von Sehen und Nichtsehen

- „Blindes" Spiel führt zu bewusstem, genauem Hören und Tasten.

▶ Bewusster Erleben, wie andere Sinne die Rolle eines „defekten" Sinnes übernehmen

Begriffe, die mit Sehen bzw. Nichtsehen zu tun haben, sammeln, z. B.:

- *außer Sicht geraten, unbesehen, sichtlich, übersichtlich, Aug um Aug, etwas aus den Augen verlieren, Sichtweisen, klar sehen, übersehen, jemanden durchschauen, Überblick, spähen, durch die Röhre (Finger) schauen, Einblick, böser Blick, Blickwinkel, richtungsweisend* u. v. a.
- Spielformen zu den Begriffen (er)finden (in der Bewegung, musikalisch, allein, mit Partner, mit der Gruppe)

▶ Verbindungen zwischen körperlichem Erleben und geistigem Erfassen herstellen, sprachlichen Ausdruck differenzieren und fördern und in Beziehung zu einem Bewegungs- (Gestaltungs-)ausdruck bringen

Spiel mit Farben

- Farben wahrnehmen
- differenzieren, sortieren
- damit gestalten
- beschreiben (lernen)
- Wirkungen erkunden, beschreiben
- Konsequenzen reflektieren

▶ Die Rolle und Wirkung der Farben wahrnehmen, den Einfluss auf die eigene Person feststellen und reflektieren, die Spiellust im gestaltenden Umgang mit Farben wecken (Verbindung zur Kunsterziehung, siehe auch *Berührungspunkte*, S. 166)

Alle bewegen sich zum Klang eines Instrumentes im Raum, bei Musikende Beispiel
wird rasch ein farbiger Gegenstand berührt (viele verschiedene „Klangfarben" verwenden). Spielte der Klang des jeweiligen Instrumentes bei der Farbenwahl eine
Rolle?

Spiel mit Formen

- Formen finden (im Raum, in der Natur)
- vergleichen, beschreiben
- Materialien und Geräte, die bestimmte Formen haben, als Spielgrundlage wählen (z.B. Stäbe, Seile, Reifen, Bälle …)

▶ Die verschiedensten Formen erkennen, beschreiben, benennen, nachformen können. Die Wirkung, die Formen (z.B. Kreis, Reihe, rund, schräg, gerade …) auf einzelne oder die Gruppe haben können, erkunden

Alle sitzen am Boden, jede hat genügend Platz. Mit einem Seil soll versucht werden, Beispiel
um sich herum einen Kreis (ein Dreieck, ein Quadrat) zu legen. Funktioniert das
auch mit geschlossenen Augen?

Spiel mit Licht und Schatten

- differenzieren von hell und dunkel
- „Lichtpunkte", Taschenlampen, Kerzen
- Schattenspiele (mit Händen, Füßen, dem ganzen Körper, verschiedenen Materialien)

▶ Wahrnehmen von Helligkeits- und Dunkelheitsgraden mit offenen und geschlossenen, aber nicht verbundenen Augen

▶ Physikalische Fragen sammeln, besprechen, ergründen (z.B. Wie entsteht ein Schatten?)

Der Raum ist verdunkelt, eine oder mehrere Teilnehmerinnen haben Taschenlam- Beispiel
pen, die auf Signal einzeln, der Reihe nach oder alle zugleich angeknipst werden.
Wie muss man die Lampen halten, dass Schatten entstehen?
Die Lichtpunkte können einander „fangen", dadurch größer werden, sich gruppieren (Lichtbündel), einander den Weg zeigen, sich zur Musik bewegen.

Hören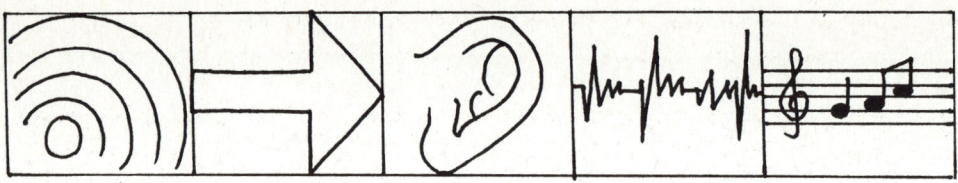

"Nicht-Sehen trennt den Menschen von den Dingen.
Nicht-Hören trennt den Menschen vom Menschen." (*Immanuel Kant*)

Spielansätze und Übungsformen	*Ziele*
Hören, hinhören, zuhören • hineinhören • weghören als Fähigkeit (Konzentration auf Wesentliches, Abgrenzung) • weghören als Defizit (die verschiedenen Aspekte reflektieren und diskutieren) • Richtungshören	▶ Differenzieren von Hörfähigkeiten, nicht im Sinne von schulischem Lernen (z.B. Rhythmus- oder Hördiktate), sondern als Basis einer spielerischen Hörerziehung und somit als Schutzfunktion und Abgrenzung gegen die akustische Überschwemmung, der wir alle ausgesetzt sind.
Horchen, lauschen • auf Alltagsgeräusche, „normale" oder außergewöhnliche Klänge, auf sehr leise Töne • Geräusche erkennen, benennen, unterscheiden • darauf reagieren • Zusammenhang von Schallerzeugung und Schallereignis erkennen (z.B. harte oder weiche Klänge)	▶ Die Wirkung von Höreindrücken bewusst machen. ▶ Horchen und Lauschen führen zu verfeinerten Hörerlebnissen. Die Konzentration ist nicht auf Fülle und Quantität gerichtet, auch Leises und Alltägliches kann faszinieren. (siehe auch *Rhythmisch-musikalische Erfahrungen, Seite 49*)

Unterschiedliche Geräusche wahrnehmen, erkennen, differenzieren

Beispiel Die Augen schließen. Verschiedene Bälle (Tennisball, Gummiball, Medizinball) werden von einer Person auf den Boden geworfen, an die Wand geprellt oder von Hand zu Hand gespielt. Es soll geraten werden, wie viele und welche Bälle im Spiel sind und wie sie gespielt werden. Man kann den Klang beschreiben, Spielformen ausprobieren und erfinden. Mehrere Bälle (Ballarten) produzieren Ball-Gruppen-Klänge und -Rhythmen.

Wie tönt wohl
dieser Ball?

Differenzieren von musikalischen Eindrücken
- Tonhöhe, Stärke, Dynamik, Klangfarbe, Klangvolumen, Qualität
- erkennen, benennen
- verarbeiten, damit spielen, in Bewegung umsetzen

▶ Die elementaren Grundlagen der Musik erkennen und durch Umsetzung in Bewegung und improvisierten Ausdruck intensiver erfahren
(siehe auch *Rhythmisch-musikalische Erfahrungen*, Seite 49)

Musikalische
Grundbegriffe
erfahren

31

Erkennen musikalischer Grundordnungen, z.B. Metrum, Takt, Rhythmus, Phrasen, Pausen, Notenwerte, musikalische Formen
- kennenlernen, benennen
- unterscheiden
- darauf reagieren, damit spielen und in der Bewegung verarbeiten

Beispiel Eine beginnt, ein gleichmäßiges Tempo (Metrum) zu gehen oder zu klatschen, die anderen setzen allmählich nacheinander ein. Das Anschwellen des Klanges soll wahrgenommen werden. Ein Begleitinstrument (Trommel, Klanghölzer) kann den Höreindruck verstärken. Die musikalischen Fachbegriffe *crescendo* (Anschwellen des Klanges) und *decrescendo* (Abschwellen des Klanges) werden so verdeutlicht.

Spielen mit Höreindrücken
- Erraten von Geräuschen, Klängen, Melodien, Rhythmen, Richtungen, Schallquellen, Instrumenten
- Hinhörspiele
- Hörmemories (*Wenn Füße hören und Ohren sehen ...*)
- Hörwege

▶ Aufmerksames Hinhören auf Schallereignisse erproben, mit ihrer Umsetzung in die Bewegung spielen

Beispiel *Hörmemory:* Wir hören verschiedene Klänge, Geräusche. Nach dem Differenzieren und Beschreiben versucht jede, einen Höreindruck grafisch auf je zwei Kärtchen zu malen. So entsteht ein Memory-Spiel, das von der Gruppe gemeinsam gespielt werden kann. Die Klänge und Geräusche, die aufgezeichnet sind, kann man wiederum akustisch umsetzen.

Begriffe, die mit dem Hören zu tun haben,

- sammeln (z. B. *Ich bin ganz Ohr, unerhört, erhören, gehorchen, übertönen, zum einen Ohr hinein, zum anderen hinaus*)
- in Bewegung umsetzen, damit spielen, allein, mit Partner, in der Klein- oder Großgruppe

Gleichgewicht (siehe auch *Ich entdecke meine SINNE*, Seite 110)

▶ Verbindung von Sinneseindruck und geistiger Verarbeitung herstellen. Begriffe zur akustischen Wahrnehmung werden über die Bewegung verdeutlicht.

Begriffsbildung zum Themenkreis Hören

„Das Gleichgewicht sitzt in dem selben Labyrinth im Innenohr, in dem auch die Cochlea (das eigentliche Hörorgan) sitzt. Es ist nicht etwas Zusätzliches, es ist Ohr" (*J. E. Berendt: Ich höre – also bin ich*)

Verbindung von Hörorgan und Gleichgewichtsorgan erfahren

- Gleichgewichtsübungen, allein, zu zweit, in der Gruppe
- in der Ruhe, im Stehen, im Sitzen, im Hocken
- in der Bewegung
- mit und ohne Gerät
- gestalten mit Gleichgewichtsübungen (Pyramiden, Skulpturen)

▶ Das Gleichgewicht als körperliches und geistig-seelisches Phänomen erfahren

Seile liegen im Raum am Boden wie gerade Striche verteilt. Zur Musik werden sie umrundet, wenn die Musik endet, bewegen sich alle *auf* den Seilen (Vorstellung: Brücke). Verschiedenste Bewegungsarten ausprobieren. Was passiert, wenn man ausweichen muss?

Beispiel

Tasten Spüren

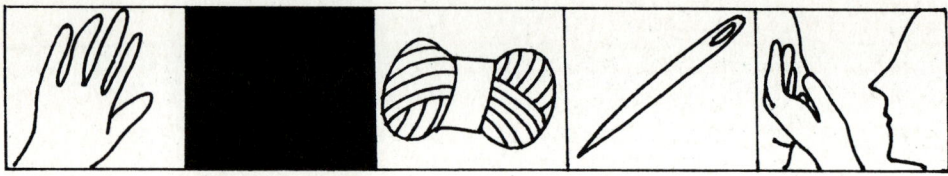

„Ich begreife das einfach nicht …" (Beliebter Stoßseufzer, nicht nur bei Schülern)
„Berührung ist ein äußerliches Geschehen, das im Inneren nachwirkt." (*H. Doblhofer, ORF-Nachlese, Juni 1997*)

Materialien erfühlen und beschreiben

Spielansätze und Übungsformen

Fühlen
- etwas berühren (leicht, fest, sanft, mit Druck)
- befühlen mit unterschiedlichen Körperstellen
- unterscheiden von verschiedenen Gegebenheiten nach Oberfläche, Form, Material, Gewicht, Größe …
- wahrnehmen und objektiv beschreiben (*„Das ist rund."*)
- wahrnehmen und subjektiv bewerten (*„Das ist mir unangenehm.", „Mich gruselt es."*)

Spüren
- nachspüren, empfinden
- aktiv: Selbstberührung
- passiv: einer Berührung nachspüren

Tasten, greifen, halten
- betasten, begreifen, zupacken, fassen, festhalten

Ziele

▶ Den Tastsinn verfeinern, sensibilisieren

▶ Die Fähigkeit, objektive und subjektive Wahrnehmung zu unterscheiden, ausbauen

▶ Unterschiede zwischen Greifen – Zupacken – Festhalten deutlich machen

- vergleichen, unterscheiden, ordnen, reihen nach Größe, Form, Material
- übergeben, loslassen

Im Kreis wird ein leichter, weicher Gegenstand (Seidentuch, Plüschball, Feder …) **Beispiel** weitergegeben. Wer mag, kann die Augen schließen. Es folgt etwas Kantiges, Hartes (z. B. ein Holzklotz), dann etwas Kühles, Kleines, Rundes (z. B. eine Glaskugel). Die Dinge können auf verschiedene Weise angenommen und übergeben werden.

Temperaturempfindungen

- Wärme und Kälte spüren, auf verschiedenen Körperteilen
- beim Spüren verschiedener Gegenstände und Materialien
- benennen der Empfindung, differenzieren, abstufen, werten, vergleichen
- Redensweisen wie z. B. *Kalte Hände, heißes Herz* thematisieren und reflektieren

▶ Die unterschiedlichsten Wahrnehmungszonen des Körpers bewusst machen: Der Rücken spürt anders als die Fußsohlen. Die Wahrnehmungsfähigkeit des Körpers verfeinern.

Das eigene Empfindungsvermögen schulen

Zwischen zwei akustischen Signalen sollen möglichst viele warme (kalte, unterschiedliche) Stellen im Raum gefunden werden. Sie werden sortiert (von kalt bis **Beispiel** heiß) und dann mit verschiedenen Körperteilen betastet.

Umsetzen der Sinneserfahrungen in Bewegung, Sprache, Klang

- in Verbindung mit Partner und Gruppe
- in Gestaltungsformen

▶ Eigenen Ausdruck in Klang und Bewegung finden, konkretisieren, differenzieren

Begriffsbildung zur taktilen Wahrnehmung

Begriffe, die mit der taktilen Wahrnehmung zusammenhängen,

- sammeln (z.B. *mit Haut und Haar; mit Leib und Seele; ich begreife etwas; das geht unter die Haut; etwas hat Hand und Fuß; Tastatur; Fingerspitzengefühl*)
- damit improvisieren, gestalten
- mit Partner, mit Gruppe
- mit Materialien und Klang
- mit Körperausdruck

▶ Sprachrepertoire, Begriffsfindung, die Fähigkeit, Gefühltes in Worten differenziert auszudrücken, erweitern

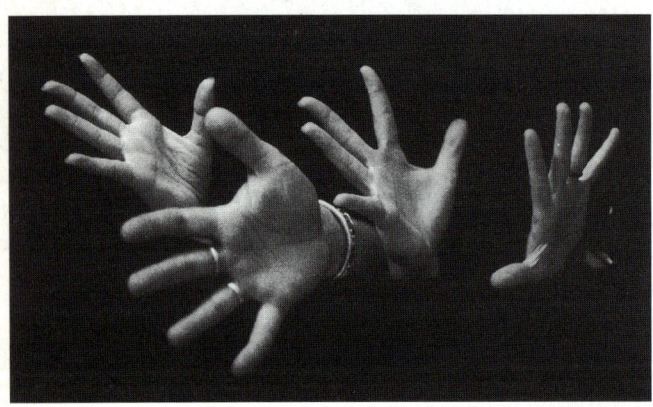

Kinästhetischer Sinn
„Neben den äußeren Sinnen (Auge, Ohr, Haut) haben wir den sogenannten inneren Sinn, den Muskel- oder Bewegungssinn, die kinästhetische Differenzierungsfähigkeit. Sie gibt uns über Raum-, Zeit- und Spannungsverhältnisse des Körpers Auskunft (…) Die kinästhetische Differenzierungsfähigkeit korrespondiert mit allen Wahrnehmungen. Sehr enge Beziehungen bestehen mit dem taktilen Sinn." (*Gabriele Falkenberg*)

Körperkontakt

- berühren und sich berühren lassen
- einfache, massageähnliche Formen
- einzelne Körperteile als Kontaktstellen
- Führen und Folgen

▶ Körperkontakt herstellen, wahrnehmen, reflektieren; einfache Entspannungsmöglichkeiten für den Alltag erproben.

Spannungsverhältnisse des Körpers

- Anspannen einzelner Muskelpartien, des ganzen Körpers
- Loslassen, in Verbindung mit bewusstem Atmen
- Ausprobieren von verschiedener Spannungsintensität, z. B. schlaff, locker, gespannt, überspannt

Kraft

- Bewegungsintensität, Bewegungen mit viel und wenig Kraftanstrengung erproben
- Dynamik: kraftvoll, kraftlos, Steigerung des Krafteinsatzes
- Kraft einteilen, ausnützen, ausweiten, begrenzen
- Widerstand geben: andere wegschieben, sich gegen jemanden lehnen, jemanden halten, aushalten

Körperlage in Ruhe und Bewegung

- oben, unten, auf und ab
- vor und zurück
- drehen und schwingen als Aktive und Passive erleben

▶ Anspannen und Loslassen als Möglichkeiten, Körperwahrnehmung bewusst erfahren

▶ Die entspannenden Wirkungen wahrnehmen und in Alltagssituationen übertragen

▶ Spiel mit Körperkraft ohne Wettbewerbscharakter erleben

▶ Feine Abstufungen der Lageveränderungen wahrnehmen und Bewusstheit für Lageveränderungen steigern

Spannung, Dynamik, Kraft und Widerstand

Partneraufgabe: Partner aussuchen, sich Rücken an Rücken lehnen (im Stehen, im Sitzen), Rücken spüren, eine lehnt sich schwer an die andere, diese spürt die Schwere und gibt allmählich Widerstand. Dieses Spiel könnte auch zum Kräftemessen führen.

Beispiel

Riechen

„... damit ich dich besser riechen kann." (*Brüder Grimm, Rotkäppchen*)

Spielansätze und Übungsformen	Ziele
Gerüche	▶ Die Nase als Sinnesorgan bewusst erleben
• wahrnehmen, vergleichen	
• differenzieren, beschreiben	▶ Die Subjektivität von Dufteindrücken mit anderen besprechen und reflektieren. Sensibilität für den spielerischen Einsatz von Riechaufgaben entwickeln. Persönliche Grenzen akzeptieren, Distanz zulassen. (Auf Allergiker achten.)
• erraten	
• darauf reagieren	
• Duftwege, Duftbaum	
• Riechstraße	
• Riechsäckchen	
• Duftkästchen	
• Dufttücher	

Beispiel Im Raum sind Papiertaschentücher versteckt. Jedes Tuch beinhaltet einen besonderen Duft (keine ekelerregenden Düfte!). Alle bewegen sich durch den Raum und sammeln (erraten) die verschiedenen Gerüche.
Anschließend Austausch von Erfahrungen.

Begriffsbildung zum Thema Riechen

Begriffe, die mit Riechen zu tun haben,	▶ Erfahren, dass die Nase als Sinnesorgan mit vielen sprachlichen Begriffen verbunden ist.
• sammeln, z.B. *einen Riecher haben; „Ich kann ihn nicht riechen"; naseweis* ...	▶ Herstellen von Verbindungen, Differenzieren des sprachlichen Ausdrucks
• Spielformen erfinden	

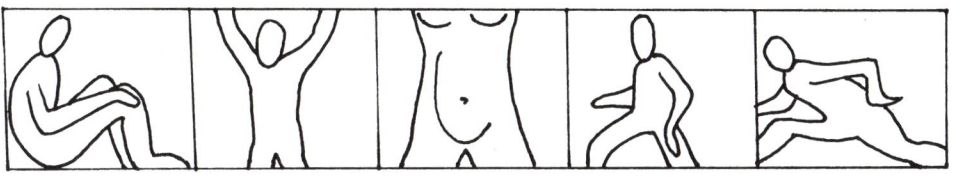

**Körper-
bewusstsein**

„Den Körper zum Lächeln bringen" (*aus dem TAO*)
„Das Bewusstsein für den ganzheitlichen Ansatz, für die Verbindung von Körper, Geist und Seele soll gesteigert werden, z.B. bei Aufgaben, die Konzentration, Reaktion, Gedächtnis, Begriffsbildung, Koordination, Phantasieentwicklung fördern" (*Lehrplan*)

Spielansätze und Übungsformen

Bewegungserziehung

- Grundbewegungsarten, wie Gehen, Laufen, Hüpfen, Dehnen, Strecken, Schwingen, Drehen, Kriechen
- Ausprobieren der Grundformen, ihrer Variationsmöglichkeiten und Gegensätze (leicht – schwer, schnell – langsam, regelmäßig – unregelmäßig, alleine – gemeinsam …)
- Geschicklichkeit mit und ohne Gerät, beim Bewegen, Werfen, Fangen, Tragen, bis hin zum Jonglieren von Bällen und Balancieren von Stäben

Erdung

- Spüren der Schwerkraft im Liegen, im Sitzen; im Stehen: sich in der „Mitte" ausbalancieren, zuerst das Gewicht von einem Bein auf das andere verlagern, dann pendeln

Ziele

▶ Die eigenen Bewegungsmöglichkeiten sollen erprobt, ausgebaut, erweitert oder verändert werden können, ohne von außen gesetzte Normen erreichen zu müssen

▶ Anregung von Bewegungsphantasie

▶ Steigerung der Geschicklichkeit des Körpers bzw. einzelner Körperteile, auch im Umgang mit Geräten und anderen Personen (Zusammenspiel)

▶ Wahrnehmen der Schwerkraft, um den Körperaufbau und das Spüren der Körpermitte bewusster zu machen (Zentrierung) [10]

Grundformen der Bewegung und Variationsmöglichkeiten ausprobieren

---

[10] Reinhard Ring, Die musikalische Bewegung, Solingen 1990

- sich hängenlassen, den Rücken dabei spüren, sich bewusst Wirbel für Wirbel aufrichten

Förderung von Koordinations- und Reaktionsfähigkeit

Koordination

- oben – unten, Beine – Hände, Hände – Augen, Oberkörper – Unterkörper
- links – rechts (Körperhälften, Verbindung mit linker und rechter Hirnhälfte)

▶ Wahrnehmung und Verbesserung der Koordinationsfähigkeit, des Zusammenspiels von zwei oder mehreren Körperteilen, oberer und unterer Körperhälfte

Impuls, Reaktion

- sich selbst Impuls zum Bewegen, zum Richtungswechsel, zum Stoppen geben
- Impulse von anderen aufnehmen (akustische, visuelle, taktile Signale; deutlich oder versteckt)
- reagieren auf Signale und Zeichen, mit und ohne Gerät

Beispiel In einer Handtrommel wird eine Glasmurmel gerollt. Die Trommel mit der rollenden Kugel wird im Kreis weitergegeben. Auf ein Signal wird die Richtung der Weitergabe und/oder die Rollrichtung geändert oder die Bewegung unterbrochen.

Puls, Atmung

- Atemfluss und Pulsschlag in Ruhe und Bewegung
- Veränderungen spüren
- Bewegung im Tempo des Pulsschlages

▶ Bewusstmachen des Atemvorganges und des Pulsschlages.
Der Atem kann Bewegungsansätze hervorrufen, begleiten, erleichtern.
Achtung: Gezielte Atemarbeit erfordert gutes Hintergrundwissen bzw. eine entsprechende Ausbildung.

- Bewegungsvorgänge durch das Ein- und Ausatmen unterstützen
- Atem hörbar machen (z.B. durch Schnauben, Blasen, Hecheln …)
- Ausatmen durch Konsonanten, Vokale oder Silben hörbar machen

Körperkontakt (siehe *Tasten, Spüren* S. 34)

Beim gegenseitigen Führen variiert die Kontaktstelle von sehr klein (Zeigefinger) bis groß (Handflächen auf dem Rücken). **Beispiel**

Gestik, Körpersprache

- Ausdrucksmöglichkeiten des eigenen Körpers wahrnehmen, variieren, verfeinern
- mit dem Ausdruck spielen
- Gestik und Körpersprache als Kommunikationsmöglichkeit einsetzen, differenzieren
- Ausdrucksmöglichkeiten anderer Personen wahrnehmen, beobachten
- im Spiel darauf reagieren
- mit nonverbalen Möglichkeiten spielen (siehe auch *Ich entdecke meinen KÖRPER*, Seite 102)

▶ Die Ausdrucksmöglichkeit der eigenen Person erproben und erweitern. Die Angst, „Theater spielen" zu müssen kann abgebaut werden.
Die Erweiterung des Ausdrucksrepertoires wird im Spiel lustvoll erlebt, ohne vorgegebene Ansprüche erfüllen zu müssen.

Die eigenen Ausdrucksmöglichkeiten erweitern

Zwei Personen stehen in großem Abstand voneinander. Eine versucht mit sparsamer, aber deutlicher Gestik, die Partnerin von deren Platz auf einen anderen zu lenken. **Beispiel**

Mimik, Gesichtsausdruck

- wahrnehmen
- die eigenen Möglichkeiten der Mimik erproben (evtl. mit Spiegel)
- Möglichkeiten anderer wahrnehmen
- Reaktionen beobachten und bewusst hervorrufen (z.B.: Wann beginnen die anderen zu lachen?)
- Mögliches und Unmögliches ausprobieren

▶ Wirkungen des Gesichtsausdruckes erkunden, damit spielen

▶ Auswirkungen von Körpersignalen reflektieren können

Raum und Zeit

„Wenn man schnell gehen muss, kommt die Seele nicht mit" (*Peruanisches Sprichwort*)

Spielansätze und Übungsformen	*Ziele*

Kennenlernen des Raums

- durch Schauen, Tasten, Horchen
- Raumdimensionen erkennen: Größe, Form, Ebenen, Strukturen, Kennzeichen
- eigenen Platz im Raum erkennen
- Beziehung zum Raum verdeutlichen, allein, in der Gruppe, in Ruhe oder in Bewegung

▶ Den Raum als Gegebenheit wahrnehmen, in Spielformen mit einbeziehen können

▶ Sich im fremden Raum zurechtfinden lernen, sich orientieren können. Sicherheit ermöglicht Wohlfühlen.

Orientierungsfähigkeit im Raum

- Erfassen des Raumes mit offenen und geschlossenen Augen, benennen der Gegebenheiten
- Orientierung im Raum, Raumrichtung, Raumwege (weitere Beispiele siehe *Ich entdecke den RAUM*, Seite 68)

▶ Die Wirkung eines Raumes auf die Befindlichkeit soll erkannt und als Konsequenz in die Arbeit mit einbezogen werden.

Zeitbegriffe (siehe auch *Ich entdecke die ZEIT*, Seite 76)

- erfahren, z.B. durch musikalische Vorgaben (Phrasen, musikalische Formen, Tempo)
- Zeit haben, sich die Zeit nehmen, die man braucht, individuelle Zeiterfahrungen zulassen
- Zeit enteilen
- Füllen einer Zeit (z.B. mit schnellen oder langsamen Bewegungen)
- Zeitbegrenzungen erleben
- Warten aushalten lernen
- Verbindungen von Raum und Zeit herstellen (z.B. Zeitlupe)

▶ Bewusstsein erweitern für subjektives und objektives Zeiterleben

Individuelle Zeiterfahrungen

▶ Die Möglichkeiten des Zeiterlebens ausloten

▶ Spielformen, die in Zusammenhang mit Zeiterfahrung stehen, finden und ausprobieren

▶ Experimentieren mit der Zeit

Der Raum ist durch unregelmäßig verteilt liegende Reifen strukturiert. Klar gegliederte Musik (gut hörbare Phrasen, ABA-Form u.a.) begleitet die Bewegung. Am Ende (einer Phrase, eines Formteiles …) soll jeder in einem Reifen stehen. **Beispiel**

Begriffe, die mit Raum- und Zeiterfahrung zusammenhängen,

- sammeln (*Weltraum, aufräumen, beizeiten, Gezeiten …*)

▶ Sich der Fülle von Begriffen, die mit den Elementen Raum und Zeit zusammenhängen, bewusst werden.

- in Bewegung, Klang, Gestaltung umsetzen, allein, mit Partner, in der Gruppe
- mit Materialien und Gegenständen Skulpturen, Bilder, Objekte herstellen
- Gespräch, Reflexion über persönliche Raum- und Zeiterfahrungen

▶ Förderung des sprachlichen Ausdrucks und der Differenzierung von Begriffen

Psychosoziale Erfahrungen

Kommunikation zwischen Partnern und in der Gruppe

Rhythmisch-kreatives Erfahren ist sowohl Selbsterfahrung als auch Erfahren der anderen. Die psychosoziale Förderung legt das Augenmerk auf die Wahrnehmung kommunikativer Vorgänge im Wechselspiel zwischen dem ICH, dem DU und dem WIR. Sie verdeutlicht die Polaritäten, Anpassung und Selbstständigkeit und zeigt Möglichkeiten vorwiegend nonverbaler Kommunikation auf.

In der folgenden Übersicht finden sich Ansätze für Spiele und Übungsformen zum bewussten Erleben der eigenen Persönlichkeit in der Auseinandersetzung mit einem Partner und der Gruppe sowie die ihnen zugrunde liegenden Zielsetzungen.

Ich, Du, Wir

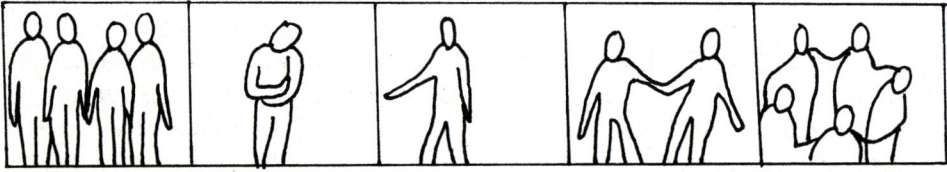

„Die Umwelt bewirkt das Individuum und das Individuum bewirkt die Umwelt in koinzidenter (zusammentreffender) Bewegung." (*Friedrich v. Weizsäcker*)

Spielansätze und Übungsformen

Kraft

- Krafteinsatz
- Kräfte messen, gemeinsam, miteinander, gegeneinander

Gleichgewicht

- gemeinsam finden, herstellen
- sichern, unterstützen
- sich aus dem Gleichgewicht bringen
- sich wieder einpendeln

Kontakt (nonverbale Kommunikation)

- in Kontakt treten (über Körperkontakt, Blickkontakt, Gestik, Mimik, Stimme)
- Kontakt aufbauen, aufeinander zu bewegen, Kontakt ausbauen
- differenzieren, Distanz wahrnehmen
- Grenzen respektieren (probeweise spielerisch übertreten)

Körpersignale, Körpersprache

- wahrnehmen, beobachten
- reagieren
- verstärken, überzeichnen
- Reaktionen erleben

Ziele

▶ Rücksicht nehmen und sich durchsetzen

▶ Die eigene Kraft erleben, steuern

▶ Die gemeinsame Balance erfahren, sich als gleich-gewichtigen Teil einer Gruppe spüren

▶ Fähigkeit entwickeln, Kontakt aufzunehmen, auszubauen, zu vertiefen. Begriffe differenzieren: Begegnung – Kontakt – Beziehung

▶ Die Sprache des Körpers beobachten lernen und daraus Rückschlüsse für Kommunikationsverhalten und Gestaltungsmöglichkeiten ziehen können

Ich – Du (Partner)

Kontakt aufnehmen, Grenzen respektieren

Zwei sitzen einander gegenüber. Die Körperhaltung (evtl. Mimik, Gestik) wandelt sich langsam, aber beständig von freundlich zu drohend. Anschließend ein Gespräch über die Wirkungen führen. Wann und wie wurden Signale deutlich? Beispiel

Wechselspiel zwischen Anpassung und Selbstständigkeit

Führen und Folgen

- Weg weisen, mit oder ohne Gerät
- Weg bestimmen, vorgeben
- nachgehen, mitgehen, folgen
- „Spiegelbild"
- „Schatten"
- Führen durch Gesten, Bewegungsvorgabe, Stimme, Klang, Körperkontakt
- Wechsel von Führen und Folgen mit und ohne Absprache
- Gefahren für Partnerin erkennen und ausschalten (z. B. beim blinden Führen)

▶ Das Wechselspiel zwischen Anpassung und Selbstständigkeit bewusst erleben.
Möglichkeiten erfahren, wie Führungspositionen übernommen werden können.
Üben, die Verantwortung zu übernehmen bzw. sie abgeben zu können

▶ Wechselspiel zwischen Fordern und Einfühlen erleben

Beispiel Je zwei Personen haben einen Luftballon. Sie einigen sich darauf, zwischen welchen Körperstellen der Ballon von beiden festgehalten bzw. eingeklemmt wird (z. B. Handflächen, Hand – Schulter …). Anfangs nicht zu schwierige Möglichkeiten wählen! Eine schließt die Augen, die andere führt durch leichten Druck. Beim Bewegen durch den Raum kann die Führende versuchen, mit einer anderen Sehenden die Partnerin zu tauschen, ohne dass die Blinden es merken.

Ich – Wir (Gruppe)

Soziales Spielverhalten

- aktiv handeln
- warten, zuschauen
- sich zeigen, sich trauen
- eingehen auf Vorschläge anderer
- Vorschläge einbringen
- gestaltend mitwirken Lösungen suchen, finden, auswählen, annehmen, verwerfen
- Initiative ergreifen

▶ Erkennen und Einsetzen von Spielen und Übungsformen, die kommunikative Prozesse beeinflussen.
Sich selbst als anleitend (initiativ) und mitmachend erleben

▶ Problemlösungen gemeinsam finden

- Wechselspiel zwischen Einfühlen und Fordern
- Rücksicht nehmen
- sich durchsetzen
- Begriffe wie *Teamwork, Konsens, Arrangement, Wettbewerb* spielerisch und verbal reflektierend verdeutlichen

▶ Psychosoziale Begrifflichkeiten über das aktive Tun erfahren

Rücksichtnahme und Durchsetzungsfähigkeit

Führen der Gruppe
- durch Klang, Stimme, Instrumente
- Körperausdruck, Gesten
- Signale
- Die Gruppe beobachten und auf sie reagieren
- wahrnehmen differenzierter Signale
- beschreiben der Situation, der Beobachtungen
- reflektieren, aber nicht werten
- nachfragen, ins Gespräch kommen

▶ Genaues Hinschauen und Beobachten üben, Reaktionen wahrnehmen, darauf eingehen können, selbst angemessen reagieren, sich beobachten lassen

Gezieltes Beobachten: Die Teilnehmerinnen schließen die Augen und versuchen sich blind vom Platz wegzubewegen. Nach dieser Ausprobierphase teilt sich die Gruppe: eine Hälfte bewegt sich weiter blind im Raum, die anderen beobachten, geben im Anschluß daran (sachlich) Rückmeldungen. Gruppenwechsel.

Beispiel

Gestalten mit Partner und Gruppe mit den Ausdrucksmöglichkeiten des Körpers (z.B. Skulpturen bauen.)
- mit Begriffen
- unter Einbeziehung von Geräten, Materialien, Objekten

▶ Gestaltungsmöglichkeiten erfahren und ausprobieren, improvisieren gemeinsam etwas gestalten

- mit musikalischen Elementen: Instrumente, Klangerzeuger (z.B. Gruppenimprovisation, Frage-Antwortspiele …)
- Gestalten mit den Möglichkeiten der Stimme in Verbindung mit Bewegung
- mit rhythmischen Mitteln (Trommel, Sprechkanon …)
- mit bildnerischen Mitteln (Farbe, Kreide, Seile, Wolle …)

Beispiel *Monster*: Eine Kleingruppe versucht gemeinsam, aus ihren Körpern ein Wesen mit z.B. fünf Armen, drei Beinen, drei Köpfen … zu bilden. Das „Monster" könnte sich auch fortbewegen, klingen usw.

Gestalten von Reimen, Gedichten, Liedern, Bildern

▶ Gestalten von Reimen, Gedichten, Liedern, Bildern

- mit Musik und Bewegung, mit Partner, in Kleingruppe oder Großgruppe (siehe auch *Ich entdecke den KLANG*, Seite 135)

Beispiel Jede sucht sich im Raum die Dinge, die ihr für ein Gruppenbild gefallen. Alle sitzen im Kreis, eine beginnt mit ihrem Material, ein Bild zu legen. Wenn sie fertig ist, legt die nächste etwas dazu. Die ursprünglichen Vorstellungen, wie das ganze Bild aussehen soll, müssen sich oft ändern. (Diese Aufgabe ist nicht nur für Kinder schwierig.) Das Bild könnte als sichtbare Vorlage für ein Klangbild dienen.

Aus verschiedenen Materialien entsteht ein Raumbild, das man auch hören kann

Rhythmisch-musikalische Erfahrungen

„In der Rhythmik geht es nicht um das Erlangen musikalischer Fertigkeiten, sondern darum, dass der Mensch auch durch die Verbindung von Klang und Bewegung zu sich selbst findet, seine Fähigkeiten entdeckt, individuelle Anlagen fördert und positive, emotionale Erfahrungen macht."[11]

Die folgenden Spielansätze und Übungsformen dienen dem bewussten Erleben und der Steigerung der Wahrnehmung im Wechselspiel von Klangqualität und Bewegungsqualität und fördern Fähigkeiten, die zur Bewegungsbegleitung und zur (improvisierten) Tanzgestaltung führen.

Verbindung von Klang und Bewegung

---

[11] Lehrplan für die Fachakademie für Sozialpädgogik in Bayern, München 1994/96, Seite 269

Klangqualität und Bewegungs- qualität

„Elementare Musik ist nie Musik allein, sie ist mit Bewegung, Tanz und Sprache verbunden." (*Carl Orff*)

Spielansätze und Übungsformen	*Ziele*
Unterscheidendes Wahrnehmen • erkennen und benennen von Geräuschen und Klängen • ordnen, vergleichen • Verbindung mit Begriffen herstellen („*Bei mir klingelt es.*") Die Klangmöglichkeiten unterschiedlicher Materialien • Materialien, wie z.B. Papier, Steine, Dosen, Gläser, Holzstücke, auf ihre Klangmöglichkeiten hin untersuchen • Instrumente, traditionelle, ungewöhnliche, wie z.B. Cazoo, Cabasa, Conga, Guiro, Rainmaker oder selbst gebaute, hören, erkennen, benennen, damit spielen und gestalten	▶ Eine differenzierte Wahrnehmungsfähigkeit bildet den Ausgangspunkt der Hörerziehung. ▶ Interesse an der Vielfalt von Klängen wecken. ▶ Anregung zum Selberbauen von einfachen Instrumenten geben

Beispiel Jede nimmt sich ein Instrument nach Wahl, im Kreis wird es vorgestellt. Man darf spielen, wie und so lange man möchte, die anderen hören zu. Danach werden die Klänge nach verschiedenen Kriterien (Holz, Metall, hell, dunkel …) sortiert. Platz- und Instrumentenwechsel sind möglich.

Experimentieren mit bekannten und unbekannten Geräuschen und Klängen

Große und kleine Steine werden auf ihre Klangmöglichkeiten hin getestet. Nach dem Sortieren der Klänge nach verschiedenen Kriterien kann zum Beispiel ein Steinorchester gebildet werden.

Beispiel Steine

Experimentieren mit Klängen, Geräuschen und Bewegung

- Körperklänge, Körperinstrumente
- Stimme
- Sprache, Experimente mit Sprachrhythmus und Sprachmelodie (Kinderreime, Gedichte, Wörter …)

▶ Experimentieren erleichtert den Zugang zum Klang und nimmt den Druck, etwas schon „können" zu müssen.

Erleben musikalischer Grundbegriffe
Metrum, Takt, Rhythmus, Phrase, Pausen, Noten, Notenwerte, Partitur, musikalische Form, Intervalle, Dynamik, Ein- und Mehrstimmigkeit über die Bewegung
- erfahren, unterscheiden
- erkennen und benennen, sich einprägen

▶ Elementare Grundlagen der Musik erkennen, körperlich erleben und sie sich durch Umsetzung in Bewegung intensiver zugänglich machen.

Beispiel *Taktschwerpunkt:* Freies Bewegen im Raum, es soll zwischen schwerem und leichtem Gehen gewechselt werden. Ganz allmählich wird ein gleiches Tempo gefunden. Es wird als Metrum von einem Instrument übernommen. Schwere und leichte Schritte gliedern allmählich das Metrum. Mit der Zeit werden regelmäßige Taktschwerpunkte vorgegeben und durch einen schweren Schritt betont.

Klangqualität in Bewegungsqualität umsetzen
- Improvisieren mit Klang, Rhythmus und Bewegung
- über Experimentieren und Improvisieren zur musikalischen Bewegungsgestaltung kommen.
- Ausdrucksformen in Klang und Bewegung finden (mit Körper, Stimme, Instrumenten, Material …)
- kleine Gestaltungssequenzen (freies oder vorgegebenes Thema) erarbeiten, einander zeigen, ausbauen, vorführen

Ausdrucksformen in Klang und Bewegung

▶ Erfahren der „musikalischen Bewegung";
einen Rhythmus am eigenen Leib erfahren und eigene Bewegungsformen dazu finden;
das Ordnende eines Rhythmus erkennen

▶ Erleben, dass auch vorgegebene Klang- und Rhythmuselemente einen eigenen Bewegungsausdruck zulassen bzw. hervorrufen.

**Bewegungs-
begleitung**

„Spiele, singe, töne, was du siehst"

Spielansätze und Übungsformen

Bewegung durch Klang
- hervorrufen (z. B. Signal, Impuls)
- anregen (z. B. Metrum, Rhythmus)
- unterstützen (z. B. regelmäßiges Tempo, Melodie …)
- intensivieren (z. B. Dynamik …)
- stoppen (z. B. Signal, Form, Schluss und Halbschluss)
- einzeln, mit Partner, mit mehreren
- beobachten von Reaktionen
- Verbesserung der Spieltechnik auf verschiedenen Klangerzeugern
- Anregung der Spielphantasie

Bewegung begleiten mit
- Körperinstrumenten
- Stimme
- Instrumenten
- Geräuschen
- technischen Mittlern (CD, MC)

Ziele

▶ Möglichkeiten einer einfachen Bewegungsbegleitung ausprobieren, differenzieren, üben, ohne dass das Beherrschen eines Instruments Voraussetzung ist.
Mitspieler/-innen, die ein Instrument beherrschen, können vielfältige Variationen ausprobieren und neue Erfahrungen machen; die Konzentration dabei richtet sich nicht nur auf das Instrument, sondern gleichermaßen auf die Bewegenden.

▶ Erkennen, dass eine bestimmte Klangqualität eine bestimmte Bewegungsqualität hervorrufen und intensivieren kann.

Begleitung durch Körperinstrumente, Stimme, Instrumente, Geräusche oder Tonträger

Beispiel

An allen vier Ecken des Raumes stehen Spieler mit verschieden klingenden Instrumenten. Im Wechsel wird der Gruppe ein Tempo (Rhythmus) zum Bewegen vorgegeben. Manchmal spielen die Instrumentalistinnen zu zweit, zu dritt, zu viert, jeweils so viele Teilnehmerinnen stellen Bewegungsbeziehung zueinander her.

Tanz Gestaltung

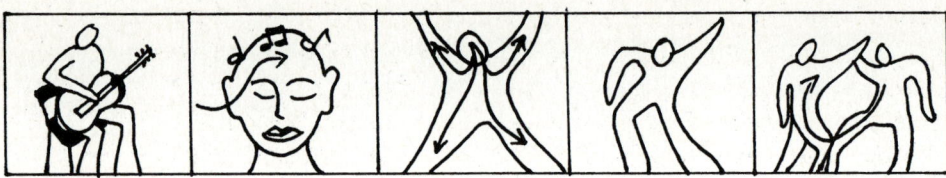

„Der Tanz ist die Kunst, Gefühle mit Hilfe rhythmischer Körperbewegungen auszudrücken." (*Emile Jaques-Dalcroze*)

Individueller Ausdruck in einer vorgegebenen Struktur

Ausgangspunkte
- Grundformen (Reihe, Kreis ...)
- Grundbewegungsarten (allein, mit Partner, Gruppe)
- improvisierte Klänge und Geräusche
- Live-Musik, selbst gespielt und gesungen
- Musik über Tonträger (MC, CD)

▶ Erfahren, dass vorgegebene Strukturen eine eigene Ausdrucksform zulassen bzw. eine individuelle Gestaltung auch erleichtern können.

Beispiel *Der Tanz der Kücklein in ihren Eierschalen* (aus „Bilder einer Ausstellung" von Modest Mussorgski): Das Musikstück wird zuerst (in bequemer Haltung) angehört. Im zweiten Hörabschnitt bewegen sich alle (einzeln) frei dazu. Dann werden einzelne (einfache) Bewegungselemente dieses freien Tanzens herausgenommen, von allen probiert, kombiniert ...

Durchs Schlüsselloch geschaut – Beispiel einer Rhythmiksequenz

Bei der Planung und Durchführung von Rhythmikeinheiten sind unabhängig von der Zielgruppe grundsätzlich Vorüberlegungen zur Situation der Gruppe, zum Aufbau der Stunde und zu den Lerninhalten sowie zur methodischen

Vorgehensweise notwendig. Die folgende Darstellung soll Planung, Aufbau, den „Roten Faden" von zwei Rhythmikeinheiten an der Fachakademie für Sozialpädagogik exemplarisch aufzeigen. Sie macht deutlich, wie trotz überlegter Planung und festgelegtem Grundthema individuelle, der Gruppensituation entsprechende und von der Gruppe mitgestaltete Spielformen realisiert werden. Bei der Beschreibung und Analyse der Rhythmiksequenz fließen ferner die Beobachtungen und Kommentare von Lehrkraft und Studierenden ein, in denen sich zahlreiche Lernerfahrungen widerspiegeln.

Planung und Flexibilität sind gleich wichtig.

Situationsanalyse

Gruppenkonstellation: zwölf Studierende, 18–25 Jahre alt; zehn Frauen, zwei Männer; erstes Studienjahr; fünfte bzw. sechste Rhythmikstunde

Vorkenntnisse in Rhythmik: kaum vorhanden; drei Teilnehmerinnen spielen ein Instrument

Unterrichtszeit: Herbstsemester; pro Woche 1,5 Unterrichtsstunden;

Tageszeit: 10.15 Uhr bis 11.45 Uhr; die Rhythmikstunde liegt zwischen den Unterrichtsfächern Gesundheitserziehung und Pädagogik

Ort: Rhythmikraum im Untergeschoss der Schule

Thema der Unterrichtseinheiten: Erleben von Schwere/Kraft/Dynamik

Hinführung zur Gestaltung einer Tanzform (Indianertanz)

Aufbau und Lerninhalte

- Raumerfahrung
- Gruppenerfahrung: in Kontakt kommen
- Körpererfahrung: Schwere spüren
- Partnerarbeit: Gewicht spüren
- Grundbewegungsarten: Gehen, Stampfen
- Körperinstrument *Stampfen*
- Erarbeitung von Liedtext und von Melodie
- Reflexion: eigene Befindlichkeit; Wahrnehmungen bei anderen;
- Auswertung der Inhalte: Gespräch über Rituale fremder Kulturen; Variationen, Ergänzungen, Veränderungen finden und ausprobieren

Analyse der Situation und Planung der Rhythmikeinheit

Stundenverlauf: Inhalte, Erfahrungen und methodische Hinweise

> **Begrüßung:**
> Anknüpfen an die letzte Stunde: was blieb als Eindruck, was möchte ich nochmals ansprechen?
> *Fragestellung:* Was habe ich in der letzten Stunde „neu" erlebt?

Erfahrungen   „Es fiel mir schwer, ohne genaue Vorgabe ‚nur' durch den Raum zu gehen; als Musik dazukam, war es besser." – „Immer dieses Reflektieren!" – „Schön war's!"

Hinweise   Die Verarbeitung von Erinnerungsresten kann Basis für Neues sein.

> **Raumerfahrung:**
> Freies Durcheinandergehen im Raum, verschiedene Raumwege; das eigene Tempo finden.

Erfahrungen   „Es ist eigenartig, nur durch den Raum zu gehen."
Ein großer Teil der Teilnehmerinnen bewegt sich am Rand, nicht in der Mitte. Viele achten eher auf andere als auf sich selbst („Wie schau ich jetzt aus? Wie sehen mich die anderen").

Hinweise   Gezielte Hinweise und Aufforderungen erleichtern das ungewohnte freie Bewegen im Raum (z.B. auf Kontakt der Füße mit dem Boden achten, die Verschiedenheit von Bodenbelägen wahrnehmen, sich die eigene Haltung bewusst machen).

> **Körperwahrnehmung, Schwere spüren, Grundbewegungsarten:**
> Wechsel zwischen leichtem und schwerem Gehen, dabei verschiedene Tempi ausprobieren.

Erfahrungen   Die Teilnehmer reagieren sehr unterschiedlich: „Wenn ich so aufstampfe, muss ich immer lachen." – „Mir ist das leichte Gehen viel lieber." – „Ich fühle mich beschwingt." – „Das Stampfen löst meine Aggressionen, die ich mitgebracht habe."

Auf den Zusammenhang von schwer und leicht, schnell und langsam hinweisen. Es gibt keine Norm (schnell = leicht, langsam = schwer), oft aber gibt es Muster.

Stampfen:

Freie Bewegung im Raum, mit jedem Signalton (z.B. vom Becken) wird die Gehbewegung schwerer; sie steigert sich bis zum (lauten) Stampfen; Begleitung und Unterstützung der Stampfbewegung mit den Congas, Tempowechsel, Wechsel der Dynamik.

„Es hat mich überrascht, dass man auch leise stampfen kann." – „Der Klang der Congas zwingt fast zum Stampfen."

Fellinstrumente wie Congas, Bongos, Trommeln, sind gute Begleiter von „schweren" Bewegungen. (Wichtig für Anleiterinnen: bei eigener Unsicherheit vor der Stunde Klänge bzw. Instrumente ausprobieren.)

Gruppenerfahrung:

Alle stampfen durch den Raum, ohne Musik, variables Tempo, achten auf die Körperhaltung; zwischendurch stehen bleiben, Augen schließen, in sich hinein spüren, dem Stampfklang zuhören, wieder weitergehen. Wer sich nicht mehr bewegen möchte, bleibt stehen (open end).

„Ich wollte mich gerne noch länger bewegen, aber die anderen standen schon." – „Das viele Gestampfe wurde mir zu laut." – „Meine Fußsohlen kribbeln jetzt."

Ein offenes Spielende kann spannend und hilfreich sein. Jeder kann/muss sich selbst entscheiden. Es wird bewusst, wie groß die Beeinflussung durch andere ist. (Soziale Übung: *warten können*, bis alle fertig sind.)

Partnerarbeit, Gewicht spüren:
Alle stehen (sitzen) im Kreis, Augen schließen, Schwere nachspüren. An wen kann ich mich – trotz Konzentration auf die eigene Befindlichkeit – erinnern? Wer ist mir begegnet? Mit wem möchte ich gerne eine Partneraufgabe machen? Augen öffnen, durch Blickkontakt Partner/-in suchen, gemeinsam einen Platz im Raum aussuchen, mit Matte kennzeichnen.

Erfahrungen „Ich kann mich an viele Begegnungen erinnern." – „Du bist mir auf die Füße gestiegen." – „Ich bin beim Auswählen meiner Partnerin zu langsam gewesen."

Hinweise Die Wahrnehmung der anderen erfolgt zuerst meist unbewusst, erst durch die konkrete Fragestellung wird sie bewusst.
Da eine Aufgabe mit Körperkontakt folgt, sollte die Partnerwahl gezielt erfolgen. Vorüberlegungen für die Anleiterin: Was tun, wenn jemand übrig bleibt, Außenseiter ist?

Eine legt sich bequem auf die Matte, spürt die Schwere, den Bodenkontakt, bleibt passiv; die andere hebt vorsichtig Körperteile an (Arme, Beine, Kopf, Becken, Schultern, Finger …) spürt das unterschiedliche Gewicht; Partnerwechsel (bestimmt von der aktiven Teilnehmerin).

Erfahrungen „Es ist schwierig, loszulassen und nicht mitzuhelfen." – „Einen Kopf habe ich mir nicht so schwer vorgestellt."

Hinweise Behutsam sein, die Partnerin genau beobachten; Vorsicht beim Ablegen der Körperteile, nicht fallen lassen; verbale Rückmeldungen sind erlaubt; nur die Partnerin ist wichtig, nicht das, was die anderen im Raum machen.
Vor allem bei Partnerübungen der „sensiblen Art" sollte die Anleiterin nicht aktiv mitmachen, sondern die Gruppe im Blick haben.

Gespräch mit der Partnerin über die Erfahrungen während der Übung:
Was war „schwer", was war „leicht" – nicht nur körperlich, sondern auch empfindungsmäßig (z.B.: loslassen, hingreifen, anfassen …)?

„Ich bin so kitzlig und musste immer lachen." – „Das Lachen hat mich gestört." – Erfahrungen
„Ich war unsicher, wie fest ich dich anfassen kann."

Die Möglichkeit zum Gespräch nach intensiven Körperkontaktübungen ist wich Hinweise
tig. Anfangs nicht zu viel Offenheit verlangen, auch sachliche Beobachtungen können hilfreich sein und Spannungen lösen (z.B. *Ich bin so kitzlig*.).

Gruppenübung im Stehen:

Langsam aufstehen, Conga gibt Metrum zum Durcheinanderbewegen; wenn der
Klang verstummt, bilden alle rasch einen Kreis; mehrmals wiederholen;
Guter, geerdeter Stand (Beine etwa in Schulterbreite, Füße parallel, Knie nicht
durchgedrückt, sondern locker, Mitte spüren, Gefühl, im „eigenen Becken zu sitzen"); Gesicht zur Kreismitte, nicht zu großer Abstand zu den Nachbar-/innen;
rechte und linke Nachbarin durch Anstupsen aus dem Gleichgewicht bringen
wollen; sich wieder einpendeln.

„Ich kann viel besser mit durchgedrückten Knien stehen, ich war im Ballett." – Erfahrungen
„Wenn man so steht, schaut man sehr komisch aus."

Vorstellungen von richtigem Stehen sind sehr unterschiedlich; Unterschiede durch Hinweise
Ausprobieren verschiedenster Möglichkeiten deutlich machen;

Körperinstrument *Stampfen,* Erarbeitung von Text und Melodie:

Gleichmäßiges Stampfen im Kreis;
Stampfen mit Stimme begleiten: Silben *who* und *ha*;
bei *who* die Arme zur Mitte „schleudern", bei *ha* Arme in die Höhe strecken, Finger spreizen;
Text *Wohanaheda* vorsprechen, nachsprechen, vorsingen, nachsingen, dabei das
Stampfmetrum beibehalten.

Wohanaheda (Indianertanz)

Basis: Ein sehr gleichmäßiges Stampfmetrum im Kreis

Rhythmus I (Hände):

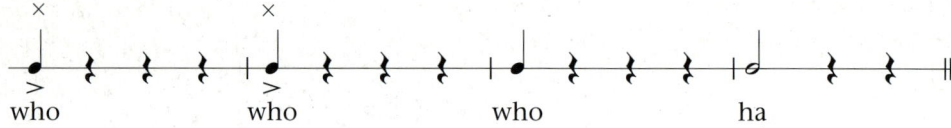

Rhythmus II:

Bei × Hände (Fäuste) nach vorne in den Kreis „schleudern", dabei die Faust öffnen und Finger spreizen. Vor der Sprechphase kann an diesen Stellen geklatscht werden.

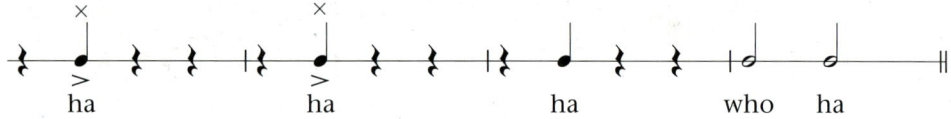

Kanon zu 2–6 Stimmen:

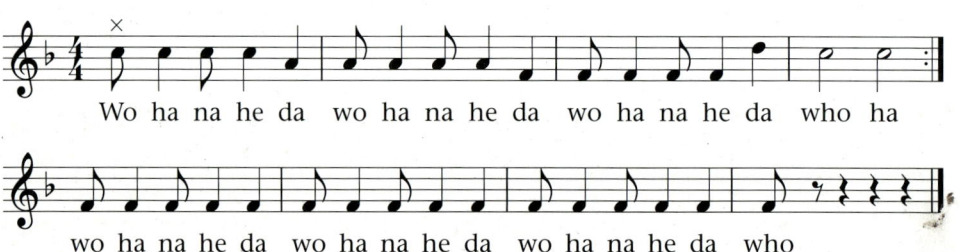

Ein gemeinsames *who* am Schluss verabreden oder open end.

Quelle: Mündliche Überlieferung, Seminar Akademie Remscheid, *Musik mit Jugendlichen*, 1984

„Das Stampfen, Schreien-Dürfen und Singen baut bei mir den mitgebrachten Stress ab." – „Anfangs war das laute *who*-Schreien schwierig, weil ungewohnt, dann wurde es immer befreiender." – „Der Stampfrhythmus erinnerte mich ans Militär." **Erfahrungen**

Der Tanz muss sehr bewusst und „stark" eingeführt werden; immer wieder auf Erdung und Ganzkörperbewegung hinweisen; kräftig singen; bei den *who*- und *ha*-Rufen trotz der Lautstärke auf Stimme achten, nicht übertreiben durch zu lautes und zu langes „Schreien"; nach einmaligem Vorsingen können die meisten Teilnehmer mitsingen. **Hinweise**

Das ganze Lied lernen, Stampfmetrum dabei weiterführen:
„Wohanaheda, Wohanaheda, Wohanaheda, who-, ha-,"
„Wohanaheda Wohanaheda, Wohanaheda, Wohanaheda, who-, ha-,
Wohanaheda, Wohanaheda, Wohanahedaaaa, who-"

Tanz bzw. Lied einige Male tanzen und singen, dabei kann Lautstärke und Tempo jedesmal verändert werden. Das Lied kann auch als Kanon bis zu sechs Stimmen gesungen werden.

„Mich wundert es, wie schnell wir das hingekriegt haben." – „Da kommt viel Kraft und Energie rüber." – „Jetzt kann ich nicht mehr, obwohl ich munter und nicht müde bin." **Erfahrungen**

Auf die Stimme achten, das Lied verleitet zum Schreien; den ganzen Körper spüren. **Hinweise**

Reflexion:
Atempause; Hinsetzen oder Hinlegen; Durchatmen; dann Reflexion der Befindlichkeit, Besprechen von Variations- und Einsatzmöglichkeiten;
Gespräch über die Hintergründe ritueller Tänze und Lieder; Achten fremder Kulturen.

„Ich konnte meine Aggressionen wegen der Klausur loswerden." – „Was heißt dieses Wort Wohanaeda eigentlich?" *(Ursprung und Bedeutung des Liedes sind nicht bekannt.)* **Erfahrungen**

Hinweise Variationsmöglichkeiten gibt es

▸ *in der Bewegung*, z.B. Kreisform verändern, vergrößern, verkleinern, hintereinander, zwei, drei Kreise, Bewegung zur Kreismitte und wieder zurück, Armbewegungen verändern, Tempo ändern ….

▸ *in der Musik*, z.B. wechselnde Dynamik, forte, piano, einstimmig, im Kanon, mit Vorsänger/-in; Begleitung mit passenden Instrumenten (z.B. Trommel, Congas, Schellen, Rasseln …). Bewusstmachen, welche Instrumente zur Eigenart dieses Tanzes nicht passen (z.B. Klavier, Gitarre, Triangel …). In der Gestaltung sehr einfache Materialien einbeziehen, z.B. Mittelpunkt (Kerze), Raum verdunkeln, Grasbüschel Schellen an Füße binden u.v.m.

▸ Eine besonders schöne Variante ergab sich, als eine Teilnehmerin vorschlug, den Tanz im Freien zu machen: Eine große Wiese mitten im großen Wald war Tanzplatz und Bühne. Echowirkung intensivierte den Gesang.

Trotz aller Variationen immer darauf achten, dass der Charakter des Tanzes nicht verändert wird, z.B. nicht veralbern, vor allem auch deshalb, weil der Ursprung im Dunkeln liegt. Der *Indianertanz* eignet sich – bei entsprechender Vorarbeit – für alle Zielgruppen und für viele Situationen (z.B. Anfangssituationen, Abschied, bei Festen, zum Luft ablassen, bei Freude …).

Checkliste zur Planung und Vorbereitung von Rhythmikeinheiten

Grundsätzliche Vorüberlegungen

Persönliche Grundeinstellung:
- freiwillige oder angeordnete Aktion, zweckgebunden (z.B. Vorbereitung für ein Fest) oder zweckfrei?
- eigenes Interesse?
- eigener Spaß an der Freud, am Ausprobieren?
- Engagement für die Sache „Rhythmik"?

Reflexion der eigenen Fähigkeiten:
- musikalisch, bewegungsmäßig, kreativ?
- realistische Einschätzung des eigenen Könnens und Wollens?

Situationsanalyse (Gruppe):
- wieviele Teilnehmer/-innen?
- Alter, Entwicklungsstand?
- Besonderheiten, z.B. Gruppenrollen, räumliches Umfeld („sozialräumlicher Ansatz")

Raum/Zeit:
- Lage und Besonderheiten des Raumes?
- Tageszeit, Zeitdauer der Aktion (begrenzt, unbegrenzt)?
- Was war vorher? (z.B. Lernstunde, Essen, Sport, Prüfung …)
- Was kommt nachher? (z.B. ein langer Schultag …)

Themenwahl/Lerninhalte/Lernziele und Aufbau:
- vorgegeben oder frei wählbar?
- zweckgebunden?
- welche Lerninhalte, Lernziele?
- Einstieg, Einstimmung?
- Aufbau?
- Ideen und Anregungen aus der Fachliteratur nötig?

Organisatorische Vorbereitung:
- Raum: störungsfrei? (laute Nachbarn), ablenkungsfrei (herumstehende Sachen)? Gelüftet? Sauber?
- Materialien, Geräte, Instrumente: bereit (offen, „unsichtbar")?

Sind alle Punkte bedacht?

„Die Goldenen Sieben": Tipps zur Durchführung von Rhythmikeinheiten

1. Gruppe: Alle Gruppenmitglieder mit Achtung und Respekt behandeln.
- Reaktionen aus der Gruppe ernst nehmen, aufmerksam sein für Bedürfnisse und Befindlichkeiten.
- Über- oder Unterforderung einzelner Gruppenmitglieder wahrnehmen und entsprechend darauf reagieren.
- Auf gruppendynamische Entwicklungen achten (Gruppenphasen, Rollen …), sie mit einbeziehen.

2. Ziele: Klarheit über die angestrebten Ziele haben.
- Ziele nicht aus den Augen verlieren, aber nicht unter allen Umständen erreichen müssen.

Klare Zielsetzung ist notwendig.

- Stärken und Fähigkeiten der Teilnehmer/-innen entwickeln helfen und Erfolgserlebnisse schaffen.
- Selbsteinschätzung der Teilnehmer/-innen verbessern.

3. Inhalte: Den situativ-ganzheitlichen Arbeitsansatz beachten.

- Körper, Geist und Gefühl gleichermaßen ansprechen.
- Bewertung, Konkurrenzdruck und Leistungsstress vermeiden.
- Prozessorientierung ist wichtiger als ein vorgeplantes Produkt.

4. Flexibilität: Flexibles Handeln zulassen und fördern.

- Gut vorbereitet sein, aber nicht am Konzept kleben.
- Gelegenheit und Zeit zum Experimentieren und Ausprobieren geben, nicht zu viel (an Ideen, Material, Instrumenten etc.) anbieten.
- Anregungen, Ideen und Wünsche der Gruppenmitglieder miteinbeziehen.
- Neue Spielformen und Bewegungsvielfalt anregen, aber nichts vormachen oder „aufdrücken".

Ideen und Anregungen der Teilnehmer/-innen aufgreifen

5. Methoden: Methodische Hinweise und Hintergründe beachten.

- Klare Anleitungen geben, aber nicht zu viel verbalisieren.

- Überblick wahren, aktiv nur mitmachen, wenn die Situation es zulässt.
- Gelegenhet zum Reflektieren geben, aber nicht alles bis ins Kleinste zerlegen; Interpretationen vermeiden.

6. Anleiterpersönlichkeit: Als Anleiter/-in echt und authentisch sein.

- Selbst Spaß und Freude am rhythmisch-kreativen Tun haben, emotional, geistig und körperlich beteiligt sein.
- Während einer Sequenz immer auch auf eigenes Wohlbefinden achten.
- Nichts verlangen, was man selbst nicht mag oder kann.

7. Grundlagen: Den „rhythmischen Ausgleich" schaffen.

- Qualität ist wichtiger als Quantität, weniger ist oft mehr.
- Überbetonung einzelner Bereiche vermeiden.
- Der rhythmische Ausgleich ist ein Sich-Bewegen zwischen den Polaritäten (z.B. Ruhe und Bewegung, Spannung und Entspannung, Ich und Wir …). „Da er sowohl Anhaltspunkte für den Inhalt einer Rhythmiksequenz bietet als auch die Methode, diese Inhalte zu vermitteln, ist er Weg und Ziel zugleich." (*Christian Becker, Studierender*)

- Eine Rhythmikstunde wird dann als gelungen erlebt, wenn sowohl Lehrer/-in als auch Schüler/-innen den „Rhythmischen Ausgleich" erfahren, also das Bewegen zwischen den Polaritäten lustvoll erleben und während und nach der Sequenz wach, munter und ausgeglichen sind.

Manche glauben, dass in der Rhythmik nur das Konzentrierte, das Ruhige Platz hat. Meines Erachtens ist jedoch auch der hör- und sichtbare Spaß, die laute Freude, sind „power und action", gleichwertig bedeutsam. Lachen und zwischendurch Unsinn treiben befreit und macht oft, ganz im Sinne ausgleichend fördernder Wechselwirkung, wieder bereit für Stilles und Sensibles.

„Action" und Stille sind in der Rhythmik gleich bedeutsam.

3. Der Impuls und was daraus wird ...

Die Übertragungsmöglichkeiten rhythmisch-kreativer Grundspielformen entdecken

Der Impuls als Schlüssel rhythmisch-kreativer Arbeit

Rhythmisch-kreative Impulse werden individuell unterschiedlich verarbeitet

Ein Impuls ist eine Aufforderung, ein Anstoß. Etwas wird in Bewegung gesetzt. Ein Impuls kann zu neuen Erfahrungen und Eindrücken führen, Veränderungen einleiten. Die rhythmisch-kreative Arbeit, egal mit welchen Zielgruppen, gibt viele Impulse. Die Verarbeitung dieser Impulse geschieht individuell.

Erzieher/-innen verfügen über eine qualifizierte Ausbildung und sie arbeiten in vielen pädagogischen Einsatzbereichen, von der Kinderkrippe bis zum Jugendzentrum. Es wäre falsch, für jede Zielgruppe ein „Rhythmisches Rezeptbüchlein" nach dem Motto „Man nehme ..." vorzulegen. Vielmehr sollen Erzieher/-innen mit diesem Buch angeregt werden, Ihre Gruppe, jedes einzelne Kind, jeden einzelnen Jugendlichen und die Situationen, die ihnen in ihrer Arbeit begegnen, immer wieder neu zu beobachten und ausgehend von selbst erlebten rhythmisch-kreativen Erfahrungen ihr musisch-pädagogisches Handeln anzusetzen.

Denn nur was man am eigenen Leib als gut, wichtig, wertvoll, schön erfahren hat, kann in der Arbeit überzeugend und den pädagogischen Anforderungen gemäß umgesetzt werden. Die eigene Freude muss „mit im Spiel" sein, die eigene Kreativität geweckt sein. Authentizität, Echtheit, Wahrhaftigkeit des Pädagogen, der Pädagogin ist hier in besonderem Maße Grundprinzip des erzieherischen Handelns.

Selbstverständlich muss das „Handwerkszeug" – musikalische und bewegungsmäßige Fähigkeiten – ausgebildet werden. Doch Techniken allein genügen nicht und machen weder Kinder noch Erzieher/-innen glücklich.

In diesem Kapitel wird zielgruppen- und situationsgerechtes rhythmisch-kreatives Handeln, Spielen und Gestalten auf der Basis von *Grundspielformen für und mit Erwachsenen* betrachtet, das zum Weiterdenken und zur Übertragung auf andere pädagogische Arbeitsbereiche anregen soll.

Die verschiedenen Zielgruppen werden alters- und entwicklungsmäßig nur grob strukturiert. Jede Erzieherin kennt die eigene Gruppe und kann Aufgabenstellungen besser zuordnen, als ein noch so genaues Raster dies leisten würde.

Übertragungsmöglichkeiten rhythmisch-kreativer Grundspielformen

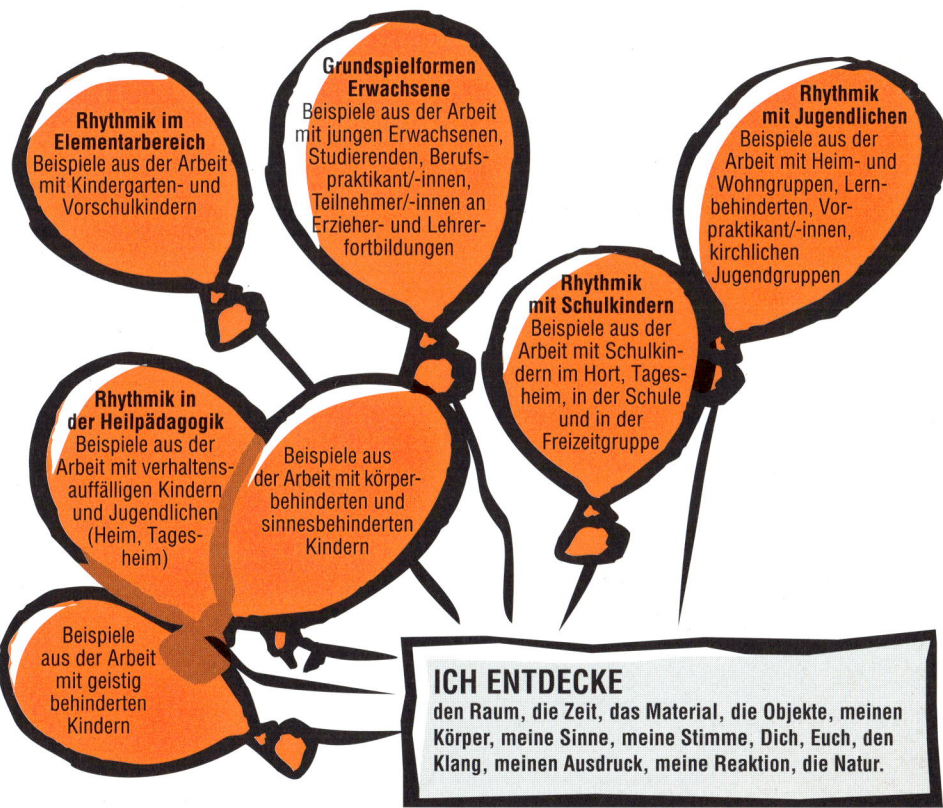

Rhythmik im Elementarbereich
Beispiele aus der Arbeit mit Kindergarten- und Vorschulkindern

Grundspielformen Erwachsene
Beispiele aus der Arbeit mit jungen Erwachsenen, Studierenden, Berufspraktikant/-innen, Teilnehmer/-innen an Erzieher- und Lehrerfortbildungen

Rhythmik mit Jugendlichen
Beispiele aus der Arbeit mit Heim- und Wohngruppen, Lernbehinderten, Vorpraktikant/-innen, kirchlichen Jugendgruppen

Rhythmik mit Schulkindern
Beispiele aus der Arbeit mit Schulkindern im Hort, Tagesheim, in der Schule und in der Freizeitgruppe

Rhythmik in der Heilpädagogik
Beispiele aus der Arbeit mit verhaltensauffälligen Kindern und Jugendlichen (Heim, Tagesheim)

Beispiele aus der Arbeit mit körperbehinderten und sinnesbehinderten Kindern

Beispiele aus der Arbeit mit geistig behinderten Kindern

ICH ENTDECKE
den Raum, die Zeit, das Material, die Objekte, meinen Körper, meine Sinne, meine Stimme, Dich, Euch, den Klang, meinen Ausdruck, meine Reaktion, die Natur.

Rhythmisch-kreative Grundspielformen in verschiedenen sozialpädagogischen Einsatzbereichen

Ich entdecke den RAUM

„Wann hat ein Mensch Zeit, Muße und Gelegenheit, einen Raum auf sich wirken zu lassen? Wir sind gedanklich dem Weltraum oft näher, als dem Raum, der uns umgibt …"

Bewegung
im Raum

Grundspielformen Erwachsene

Den Raum wahrnehmen:

- Vom Platz aus den Raum genau anschauen: Was fällt mir auf? Wieviel kann ich vom Sitzplatz aus sehen, ohne dass ich mich weg bewege? …
- Aufstehen, im Stehen den Raum betrachten.
- Wegbewegen vom Platz.
- Eigenes Tempo, alles genau betrachten: Was steht herum? Wie groß ist der Raum? Wieviel Platz ist vorhanden? …
- Auf ein Signal stehen bleiben, Augen schließen.
- *Fragestellungen:* z.B. Wo sind die Lampen, wie sehen sie aus? Welche Farbe haben die Gardinen?
- Die Bewegung zwischen den Fragephasen kann auch von einem Klang gesteuert werden.
- Tempowechsel bringt Dynamik.

- *Frage:* Verändert sich die Intensität der Wahrnehmung mit dem Tempo?

Raumebenen:

Ebenen, die uns im Raum begegnen, in das Spiel mit einbeziehen:
z.B. bei Musikende irgendwo oben stehen, (unten) liegen, möglichst viele hochgelegene Gegenstände und Materialien anfassen.
Überlegung: Wie erreicht man sie?

Raumwege/Richtungen:

- Den eigenen Platz markieren (oder gut einprägen).
- Drei Punkte im Raum auswählen, nach einem Signal (akustisch oder visuell) sollen die drei Punkte so schnell wie möglich nacheinander berührt werden, dann wieder zum Platz zurücklaufen.

- Andere markante Punkte wählen die Anzahl kann gesteigert werden. Wege können unterschiedlich aussehen, z. B. ganz gerade Wege (Vorstellungshilfe: Striche im Raum, Ecken, Kanten), verschlungene, kurvige Wege (Wellen, Kreise).

Fragestellungen: Wie verändert sich das Tempo? Wem kommt man in die Quere (Körperkontakt kann entstehen)? Wer weicht aus? Wie verändert sich die Körperhaltung?

Das eigene Ich in der Begegnung mit dem Raum entdecken

Möbel und Gegenstände im Raum:
- Wenn kein geeigneter Bewegungsspielraum zur Verfügung steht, können Möbel ein Hindernis bedeuten oder zum „Spielgerät" werden, z. B. Stühle:
- den eigenen Stuhl „besitzen". Welche Variationen des Sitzens gibt es?

Stühle werden verteilt im Raum aufgestellt, man merkt sich den eigenen Stuhl.
- Bewegung im Raum zur Musik, bei Musikende so schnell es geht zum eigenen Stuhl zurückkehren.
- Welcher Weg wird gewählt, welche Hindernisse stehen im Weg?

Möbel als Hindernis oder Spielgerät

Was passiert, wenn nicht der eigene Stuhl, sondern ein anderer ausgesucht wird. wenn zwei oder drei dieselbe Wahl getroffen haben?
- Ebenen mit einbeziehen, über die Stühle steigen, unten durch- oder ganz eng daran vorbei kriechen, mit viel Abstand, mit und ohne Berührung …
- Die Stellung der Stühle wird verändert (vorher oder während des Bewegens).
- Eine künstlerisch wertvolle „Stuhl-Skulptur" könnte entstehen.

Methodische Hinweise: ▶ Was bedeutet es für einen Erwachsenen, den „Raum" zu entdecken? Der Raum spielt oft unbewusst eine große Rolle, ob wir uns wohl oder unwohl fühlen, ob wir zum Tun animiert werden, uns verloren oder aufgehoben vorkommen.

Erwachsene entdecken in der Auseinandersetzung mit dem Raum das eigene Ich. ▶ Raumerfahrungsübungen haben in ihrer Einfachheit anfangs oft eine etwas eigenartige Wirkung auf Erwachsene, bis sie begriffen haben, wieviel man dadurch über sich selbst erfahren kann: Welches sind die bevorzugten Plätze im Raum (in Ecken, am Rand, in der Mitte)? Wie wirkt ein zu großer, zu kleiner Raum? Welche Farben erleichtern es, sich wohl zu fühlen?

Wie und wo im Raum werden andere Leute wahrgenommen? Welche Lichtverhältnisse, welche Temperaturen regen zum Arbeiten, zum Faulenzen, zum Entspannen an?

▶ Wir sind einer Fülle von Raumeindrücken ausgesetzt. Es ist interessant und oft aufschlussreich für Erwachsene, wenn sie sich bewusstmachen, welche Eindrücke sie aus der Vielfalt herausfiltern und tatsächlich wahrnehmen. Oft treten „erinnerte" Wahrnehmungen an die Stelle von tatsächlichen, z.B. *Alle Fensterriegel sind silberfarben. Alle Neonlampen sind rechteckig.* usw.

Elementarbereich

Einstieg:
- Die Kinder werden einzeln begrüßt. Es gibt viele Möglichkeiten zum Begrüßen ….
- Jedes Kind wählt seinen eigenen Platz aus und markiert ihn, z.B. mit Teppichfliesen, Kissen usw.
- „Sausemusik" zum Herumlaufen im Raum, jedes Kind läuft so schnell es möchte. Es kann auch hüpfen, auf

den Zehen laufen, seitwärts, rückwärts … Bei Musikende soll das Kind, so schnell es ihm möglich ist, zum Platz zurücklaufen, hüpfen, trippeln, stampfen … Es geht nicht darum, wer der Schnellste ist, sondern darum dass der eigene Platz wiedergefunden wird.

Raumwege:

- Wege werden durch den Raum gelegt (mit Reifen, Seilen, Kissen, Teppichplatten …) Ausgangspunkt und Endpunkt können markiert, benannt, bebaut, gestaltet werden.
- Verschiedene Bewegungsformen ausprobieren (z.B. auf allen Vieren, rückwärts gehen, kriechen, wie ein Frosch …).
- Stationen können eingebaut werden, wo es etwas zu betasten, befühlen, zu erraten gibt.

- Zwei oder mehrere Kinder gehen den Weg. Hindernisse können den Weg erschweren. Ein Kind darf einen Weg zeigen, ihn vorgehen. Der Weg darf von einem Kind verändert werden. Wer kann sich erinnern, wie der erste Weg ausgesehen hat? Vielleicht sollten wir ihn vorher aufmalen?

Möbel:

- Stühle, Tische betasten, darauf trommeln, be-sitzen, ein Stück verrutschen, Gewicht spüren (schieben, heben, tragen).
- Zwei oder mehrere Kinder sitzen auf einem Stuhl, ein Kind oben, eines darunter ….
- Eine Reihe, eine Schlange, einen Kreis oder andere Formen mit Stühlen bilden. Diese Stuhlformationen mit anderen Dingen (z.B. Bändern, Seilen, Reifen) verbinden.

Unterschiedliche Raumwege erleben

▷ Die Begrüßung (mit Namen) ist wichtig, das Kind fühlt sich als Einzelperson wahrgenommen. Der eigene Platz gibt Sicherheit.

▷ Die Erzieherin kann bei der freien Bewegung Bewegungsverhalten und Stimmung der einzelnen Kinder (Müdigkeit, Überdrehtheit, Bewegungslust, körperliche Merkmale) beobachten.

▷ Die Kinder üben Reaktion und die Orientierung im Raum.

▷ Bewegungsphantasie wird angeregt.

▷ Kinder lieben es, den Raum „sausend" zu entdecken. Dabei kommt es oft zu Zusammenstößen mit anderen Kindern oder mit Gegenständen.

▷ Hinweise bzw. Aufgabenstellungen, die die „gefährlichen" Punkte deutlich machen, sind nötig; auch Zusammenstöße können geübt werden.

▷ Ermahnungen (*Stoß ja nicht an!*) sind meist wirkungslos, weil die Bewegung

Methodische Hinweise

im Vordergrund steht und oft nicht schnell und exakt genug gesteuert werden kann.

Kontakt durch Raumerfahrungsübungen

▶ Raumerfahrungsübungen bringen immer den Kontakt zu anderen.

▶ Ausweichen, Stoppen etc. ist nicht nur für Kinder schwierig, man denke z.B. daran, wie schwierig auch für Erwachsene das Ausweichen in einer Menschenmenge sein kann. Diese Aufgaben sind auch eine gute Grundlagenarbeit z.B. bei der Hinführung zur Verkehrserziehung.

▶ Kindern und Erwachsenen fällt es meist schwer, die Augen zu schließen und bei „Blindübungen" nicht zu blinzeln. Dies sollte akzeptiert werden.

▶ In der Rhythmik werden die Augen nicht verbunden, um Ängste zu vermeiden und die eigene Entscheidung über „blind oder nicht blind" zu ermöglichen.

▶ Kinder bringen, wenn die Erzieherin oder Anleiterin es wahrnimmt und zulässt, viele gute Anregungen und Spielformen mit ein. Sie werden zum kreativen Handeln angeregt und erfahren Bestätigung, wenn andere ihre „Erfindungen" übernehmen. So können z.B. auch zurückhaltende Kinder Erfolgserlebnisse verbuchen.

Schulkinder

Grundsätzlich sind im Schulkindalter viele Aufgaben der Grundspielform und der Variationen aus dem Elementarbereich möglich.

Möglichkeiten im Freien:

- Die „endlose Weite" erkunden: So weit und so schnell laufen, wie man will. Spielregel ist, dass alle sich sehen.
- Auf ein Signal stoppen alle ganz schnell (Signal vorher absprechen, visuelle und akustische Signale ausprobieren).

- Wie laut oder deutlich muss das Signal sein, wie leise oder unauffällig kann es werden, so dass man es trotzdem noch hören (sehen) und darauf reagieren kann?
- Den Platz immer mehr eingrenzen, Befindlichkeit vergleichen. Gute Spielplatzgröße abstecken (wo Freiheiten gegeben sind, aber das Gruppengefühl noch vorhanden ist).
- Jedes Kind grenzt seinen eigenen Raum ab; dieser kann markiert, gestaltet werden.
- Verbindungswege zu anderen Plätzen suchen.

- Verbindungsklänge; Wie weit kann das andere Kind weg sein, dass ich es noch hören (sehen) kann?
- „Besuche" machen, „Gastgeschenke" mitbringen. Gemeinsame Spielformen finden …

- Akustische Verbindungen testen, z.B. „Schnurtelefon", „Schlauchtelefon", Trommeln, Stimme …
- Weiterführende Spiel- und Gestaltungsmöglichkeiten: Themen wie Stadt, Dorf, Spielplatz, Flugplatz, Rummelplatz

Akustische Verbindungswege

▶ Das Bewegungsbedürfnis nach einem langen Schultag ist groß. Raumaufgaben können eine Alternative zur Kopflastigkeit der Schule sein. Lachen, Ausagieren, Spaß, Kraft spüren sind wichtige Elemente – der Raum spielt immer mit.

▶ Raumdimensionen, Ebenen, Merkmale des Raumes werden erfahren und bewusst gemacht, es entsteht größere Vertrautheit mit dem Raum.

▶ Der Unterschied zwischen Weite und Enge kann erlebt werden.
Begrenzung kann Schutz und Orientierung bedeuten, Enge kann unangenehm sein. Durch allzu große Weite kann der Kontakt zu den anderen verloren gehen.

▶ Rhythmik findet normalerweise in einem dafür geeigneten Raum statt. Rhythmische Aufgabenstellungen können meiner Erfahrung nach durchaus manchmal ins Freie verlegt werden, wenn man die geänderten Voraussetzungen bedenkt: die Übersicht geht leichter verloren, die Kommunikation wird schwieriger, konzentratives Arbeiten wird erschwert durch viele Ablenkungen.

Methodische Hinweise

Jugendliche

Spiel mit (freiwilligen) Begrenzungen:

- Den Raum gemeinsam allmählich bis zum Extrem eingrenzen (z.B. mit Stühlen, Tischen, Bodenmarkierungen, Fäden …), wieder erweitern, evtl. mit Musik begleiten

- Eigene Grenzen setzen, den eigenen Platz abgrenzen, Begrenzungen (mit verschiedenen Materialien, pantomimisch etc.) herstellen. Wieviel Platz brauche ich für mich selbst?

- *Gesprächsimpuls:* Welche Gedanken-verbindungen entstehen, welche Gefühle werden ausgelöst (z.B. *Raumnot, jemand ist begrenzt, Schranken setzen, Grenzen spüren …*)

- Die Augen schließen, den Raum verdunkeln. Den „dunklen" Raum erleben, erfahren, begreifen …

Geführt werden im Raum:
- Sich auf ungewöhnliche Weise von einer Partnerin den Raum zeigen lassen (z.B. „blind" geführt werden, dabei verschiedene Stellen und Gegenstände begreifen und betasten).
- Geführt werden durch einen Klang (Körperinstrumente, kleine Instrumente, klingende Materialien im Raum …).

Methodische Hinweise

▶ Die Aufgaben der Grundspielformen für Erwachsene können auch für Jugendliche reizvolle Spielansätze sein, wenn sie entsprechend eingeführt werden. Sie müssen der Situation und der Gruppe entsprechen (siehe *Checkliste zur Planung und Vorbereitung von Rhythmikeinheiten*, Seite 62). Eine Gruppenstunde in der Pfarrgemeinde gestaltet sich völlig anders als ein Rhythmik-Angebot im offenen Jugendzentrum.

▶ Es kommt auf die Vertrautheit der Jugendlichen untereinander bzw. auf den Kontakt der Jugendlichen zur Pädagogin an.

Klare Aufgabenstellung ist wichtig.

▶ Aufgabenstellungen dürfen nie „kindisch" sein, müssen fordern, Spaß erlauben, dürfen nicht einzelne bloßstellen. Aufgaben müssen sicher und nicht zu vorsichtig oder entschuldigend (z.B. *„Ich hätte da mal so ein kleines Spielchen für Euch."*) gestellt werden.

▶ Spiele und Übungen, die Körperkontakt zulassen, erfordern, voraussetzen, müssen gut überlegt und den Bedürfnissen der einzelnen Gruppenmitglieder angepasst werden (Grenzen respektieren, Geschlechterrolle beachten).
Weitere methodische Hinweise siehe *Ich entdecke meinen KÖRPER*, Seite 102.

▶ Gerade Jugendliche erleben häufig Grenzen, geraten öfter in Grenzsituationen. Grenzen spielerisch, aber konkret zu spüren, sie zu erweitern oder aufzuweichen, kann eine interessante Erfahrung sein, die zu Gesprächen anregt. Trotzdem ist Vorsicht geboten: Ziel dieser Aufgabenstellungen darf nie ein therapeutischer Aspekt sein. Man sollte Jugendliche nicht zu „tiefen" Gesprächen drängen, und keinesfalls eine Therapiesituation herstellen.

Heilpädagogik

In den einzelnen heilpädagogischen Bereichen differenziert mit der Rhythmik zu arbeiten, setzt Fachlichkeit, sowohl in der Heilpädagogik als auch in der Rhythmik, voraus. Es gibt gute Fachliteratur, die das für die rhythmisch-heilpädagogische Arbeit unumgängliche Hintergrundwissen liefert. Das Literaturstudium ersetzt jedoch nicht die intensive Fort- und Weiterbildung. Für den Bereich Heilpädagogik werden daher oft nur Hinweise, nicht immer konkrete Aufgaben zu finden sein.

- Sich den Raum zugänglich machen: begreifen, betasten, befühlen, anfassen, hinklopfen, mit oder ohne Hilfestellung, mit oder ohne Signale, mit oder ohne Musik.
- Den Raum begehen, befahren (mit Rollstuhl), begleitet werden ….
- Strukturen und Ordnungen sehen, „ergehen", herstellen, wiederfinden (z.B. *In dieser Ecke steht das Klavier, hier liegt immer der Stoffball …*).
- Freude am Wiedererkennen, am Vertrauten erleben. Den eigenen Platz, den eigenen Stuhl, das Kissen mit den Blumen wiederfinden.

- Den Raum er-hören: Hör-Punkte, Klangbegrenzungen, Instrumentenstandplätze.
- Schutz und Sicherheit durch Begrenzungen, z.B. den großen Raum mit Kissen, Matten, Decken (weiche, schöne Materialien) begrenzen (geistig Behinderte).
- Einzelne Spielgeräte oder Instrumente können – sichtbar im Raum aufgestellt – Aufforderungscharakter haben und zum Bewegen bzw. Spielen animieren, z.B. Koshbälle, Reissäckchen.

Viele der vor allem im Elementarbereich angeführten Hinweise und Aufgaben haben auch in heilpädagogischen Einrichtungen Gültigkeit.

▶ Die Steigerung der Wahrnehmungsqualität erleichtert Alltägliches. Der umgebende Raum kann (soll) als hilfreich erlebt werden.

▶ Gegenstände und Materialien, z.B. Instrumente, Bälle, Seile, die zum sofortigen Agieren auffordern, erst dann bereitstellen, wenn man sie benötigt. So vermeidet man vorprogrammierte Konflikte (wie z.B. *Das darfst du nicht nehmen. Lass das liegen. Später …*).

Dieser Hinweis gilt auch für alle anderen pädagogischen Bereiche.

Methodische Hinweise

Ich entdecke die ZEIT

„Der Mensch ist eingebettet in einen geordneten, rhythmischen Zeitablauf, in die Dimensionen Vergangenheit, Gegenwart, Zukunft. Wir können einen Zeitablauf individuell strukturieren, dadurch objektiv und subjektiv erleben und erfahren."

Grundspielformen Erwachsene

Individuelle Zeiteinschätzung:
Sich die eigene Zeit nehmen, sich den eigenen Zeitbedarf bewusst machen:

- Ruhephase im Liegen (beispielsweise in Verbindung mit Körperwahrnehmungsübung).
- Sich beim Aufsetzen und Aufstehen die Zeit nehmen, die man braucht. Man hat Zeit, den Bewegungsvorgang des Aufrichtens genau zu beobachten.
- Zwischen den einzelnen Aufgaben dazu angeregen, den momentanen Augenblick, den „Moment" wahrzunehmen.
- Gespräch über „Augenblick", „Moment", die Begriffe „Erlebniszeit".

Zeiteinteilung/Phrasierung
(siehe auch *RAUM- und ZEIT*-Erfahrung, Seite 42):
- Alle bewegen sich im eigenen Tempo durch den Raum; zwischendurch stehen bleiben, wieder weitergehen; unregelmäßige Stopps einschieben, beobachten: Wie lang sind die Be-

wegungs-, wie lang die Ruhephasen?
- Verändert sich an der Dauer der Bewegungs- und Ruhephasen etwas, wenn sich das Tempo verändert?

Bewegungs- und Ruhephasen im Wechsel

- *Anregung*: Viele verschiedene Tempi ausprobieren.
- Tempo und Bewegungszeit wird von der Musik vorgegeben (Gitarre, Klavier, Conga, Trommel …).
- Zuerst unregelmäßige Abschnitte zwischen Bewegung und Ruhe, dann regelmäßige Zeiteinteilung (Phrasierung), z.B. 8 Takte Musik zum Bewegen, 8 Takte zum Stehen.
- Das Tempo kann während des Stehens durch Klatschen, Schnipsen, Klopfen weitergeführt werden.

Zeitlupe/Zeitraffer:
- Sehr schnelles Bewegen im Raum, auf ein Signal Umschalten auf sehr langsames Tempo.
  Jede spielt mit den Gegensätzen; sich selbst den Impuls zum Umschalten geben.
- *Beobachtung*: Wie sehr beeinflussen die anderen, lasse ich mich mitreißen, wenn z.B. alle sehr schnell sind?
- Nochmals Signale für langsames und schnelles Bewegen: Welche Signale eignen sich wofür am besten?
- *Vorstellung* „Filmszene in Zeitlupe": Alle bewegen sich in Zeitlupe. Nicht nur die Füße sind langsam, sondern die Bewegungen des ganzen Körpers

(auch z.B. der Augen, wie Blinzeln), das Lachen, das Kopfwenden ….
- Gegenseitig Kontakt aufnehmen: andere begrüßen, ihnen zuwinken, sie berühren, auf sie zugehen, sie umarmen …. „Open end", d.h. jede spielt, solange sie möchte, dann in Zeitlupe hinsetzen.
- Wenn alle sitzen, gut durchatmen, räkeln, sich strecken.
- *Erfahrungsaustausch*: Was ist mir aufgefallen, bei den anderen, bei mir selbst? Was war schwierig?

- Gegensatz „Zeitraffer" ausprobieren:
- Einfache Bewegungsformen wählen (Gehen, Laufen, Hüpfen …).
- Vorstellungshilfen: zum Zug eilen, zu spät zur Schule kommen, unter Zeitdruck stehen ….
- Begegnungen der „schnellen Art" herbeiführen.
- Erfahrungsaustausch

- Musik zu beiden Bewegungsarten finden.
- Zeitlupe und Zeitraffer treffen aufeinander.
- Kurzszenen mit oder ohne Musik können entstehen.

3. Der Impuls und was daraus wird … Übertragungsmöglichkeiten

Methodische Hinweise

Erwachsene entdecken in der Auseinandersetzung mit der Zeit das eigene Ich.

▶ Es tut gut, sich zwischendurch einmal die Zeit nehmen zu dürfen, die man wirklich braucht. Oftmals verhindern wir dies selbst, wenn wir uns zum Beispiel zu sehr danach richten, was andere tun, wie schnell sie mit einer Aufgabe fertig sind.

▶ Den eigenen Zeitbedarf einzuschätzen, den eigenen Rhythmus wahrzunehmen, ist oft schwieriger als man annimmt.

▶ Subjektive Zeiteinschätzung: Wann vergeht die Zeit schneller, beim Bewegen oder beim Ruhen, beim Warten oder Tätig-Sein? Wie groß ist die Beeinflussung durch andere Personen?

▶ Beim Aufnehmen einer gleichmäßig durch Musik gegliederten Zeitspanne (Phrase) soll versucht werden, nicht mechanisch durch Zählen zu reagieren, sondern mitzuschwingen, mitzusingen, innerlich zu tönen. Die Zeitspanne soll erlebt, nicht errechnet werden.

▶ Bei der Zeitlupenarbeit kann durch die große Konzentration leicht Atemlosigkeit entstehen. Atmen nicht vergessen! Anspannungen werden oft erst hinterher spürbar. Es entsteht „viel Zeit" zum Beobachten des Bewegungsablaufes und der Körperreaktionen. Körpersteuerung und Schwierigkeiten mit dem Gleichgewicht können intensiv erlebt werden.

▶ Bei Zeitlupenspielen wird es oft sehr still, manchmal auch sehr lustig. In Zeitlupe sind Körpersteuerung und Gleichgewicht schwierig, daher Zeitlupenspiele nicht zu lange ausdehnen.

▶ Zeitraffer: Es kommt ebenfalls oft zu Atemlosigkeit. Es fehlt die Zeit zum Planen von Bewegungsabläufen; wenig Wahrnehmung ist möglich, es entsteht Hektik, es wird laut, lustig, es kommt zu Zusammenstößen.

Elementarbereich

Schnell und langsam:

• Rennen und Schleichen (*wie ein …*) im Wechsel.

• Die Musik bestimmt, wann gelaufen und wann geschlichen wird. Unregelmäßige, regelmäßige Abschnitte.

• Ein bekanntes Lied dient als Begleitmusik. Die Erzieherin hört plötzlich auf zu singen und alle bleiben stehen. Wer kann „innen drinnen", also ganz leise weiter singen?

• Dasselbe in regelmäßigen Abschnitten (Phrasen), z.B. eine Zeile singen (sich bewegen), eine Zeile „stumm" singen (stehen).

- *Frage*: Kann ich es merken, spüren, „hören", wann ich wieder laufen darf?

  Dies ist eine sehr schwierige Aufgabe! Die Erzieherin darf nicht zu viel voraussetzen und nicht korrigieren oder werten. Das Lied muss gut bekannt sein.

Das Spiel mit „ganz langsam" und „ganz schnell":

- Vereinfachung des Bewegungsablaufes, z. B. keine Ganzkörperbewegung, sondern nur Kopfnicken, Winken u. v. m.

Ganz langsam und ganz schnell

- Bilder, Vorstellungen und Assoziationen, z. B. Welche Tiere sind ganz langsam, ganz schnell? Welche Fahrzeuge, welche Tätigkeiten?
- Ob es wohl Lieder, oder Musik dazu gibt?
- Möglichkeiten ausprobieren, spielen, zeigen, nachmachen.
- Ein Lied ganz langsam, ganz schnell singen.
- Sich in Zeitlupe verabschieden.

▶ Das Umschalten vom Bewegen zur Ruhe ist schwierig (Körpersteuerung).

▶ In der Bewegung können Kinder ein Lied gut erfahren, wiederholen und es sich einprägen. Eine musikalische Zeiteinheit wird allmählich erspürt.

▶ Assoziationen zu Zeitlupe und Zeitraffer begegnet man in vielen Bereichen: im Tierreich, im Straßenverkehr, im Fernsehen, im Weltraum, in Geschichten und Märchen, bei vielen Tätigkeiten.

▶ Warten können, bis die anderen fertig sind, ist nicht nur für Kinder eine sehr schwierige Aufgabe.

▶ Kinder sind schon sehr früh den (teilweise extremen) Anforderungen des Zeitdrucks ausgesetzt. Sie sind ebenso wie die Erwachsenen daran gewöhnt, dass es heißt: „Beeile dich!" – „Mach schneller" – „Trödle nicht so herum!" Selten dagegen hören auch Kinder: „Lass dir Zeit!". Sie sollen daher spielerisch Situationen erleben können, die das Zeit-Haben beinhalten.

▶ Signale, die die Zeit einteilen, dürfen nicht vorrangig als Konditionierung und schon gar nicht als nonverbales Mittel zur Disziplinierung verstanden werden (Gefahr des Manipulierens).

Methodische Hinweise

Schulkinder

Zeit einschätzen:

- Alle bewegen sich z.B. eine Minute lang (Das Abstoppen, kann jeweils von einem Kind übernommen werden). Wer glaubt, dass eine Minute vorbei ist, setzt sich hin (dasselbe mit Schließen und Öffnen der Augen, beim Bewegen und Erstarren.
- Wie lange dauert das (neue) Lied, in normalem Tempo, sehr schnell, sehr langsam gesungen?
- Wie viele Lieder (Liedstrophen, Liedanfänge) haben in zwei Minuten Platz?

Zeitlupenaufgaben (entsprechend den Grundspielformen):

- Differenzieren, erleichtern, erschweren, verändern je nach Alter und Entwicklungsstand der Kinder. Weitere, ergänzende Möglichkeiten: einen alltäglichen Bewegungsablauf in Zeitlupe ausprobieren, z.B. Türe schließen, Zähne putzen, etwas einpacken, jemanden begrüßen, telefonieren, lachen, reden, rufen, singen, tanzen, raufen ….
- Ballspiele mit weichem Ball, z.B. Plüschball: Ball in Zeitlupe rollen, werfen, fangen, übergeben ….
- Spannend ist es, die Aufgaben mit Video aufzuzeichnen und sie mit den Kindern später anzusehen.

Aufzeichnung der Aufgaben auf Video

Methodische Hinweise

Die grundsätzlichen Hinweise des Erwachsenen- und Elementarbereichs gelten auch für Schulkinder (Schule, Hort, Heim, Freizeitgruppen).

▶ Alltägliche Abläufe durch die Zeitlupe zu „entschärfen", kann sehr großen Spaß machen – und Spaß entlastet.

▶ Hortkinder z.B. erleben durch ihre spezielle Situation (straffe Zeiteinteilung Schule – Hort – Elternhaus) den Druck der Zeit sehr deutlich.

▶ Die diversen gezielten „Freizeit"-Aktivitäten, seien sie noch so gesund, begehrt, geliebt (wie z.B. Ballett, Computern, Fußball, Gitarrenunterricht, Jazzdance u.v.m.), verstärken häufig den (Zeit-)Druck auf die Kinder.

▶ Auch bei Rhythmikangeboten sollte man darauf achten, dass die guten Absichten und die positiven Wirkungen nicht durch zu große Zielvorstellungen bedrückend werden, sondern zu Entlastung und Entspannung führen.

Jugendliche

Aufgabenstellungen siehe *Grundspielformen Erwachsene*

Weiterführungs- und Variationsmöglichkeiten, vor allem für konstante Gruppen:
- „Stummfilm" mit (Live-)Musik, evtl. mit Video aufgenommen.
- Action-Szenen in Zeitlupe
- Zeitlupen-Stunts
- Zeitlupen-Tanz

- Zeitlupen/Zeitraffer-Sessions (Improvisation auf Rhythmus- oder Melodieinstrumenten)
- Gesprächsimpulse (auch für Erwachsene und Schulkinder): Was bedeutet *Zeit haben, Zeit verschwenden, zeitlos, Zeitbegrenzung, Zeitgeist, Zeitströmung*? Vielen Jugendlichen ist vermutlich das Buch oder der Film „Momo" (Michael Ende) noch im Gedächtnis. Auch hier könnten sich Gesprächsansätze ergeben.

▶ Planen und Gestalten von kurzen Szenen oder Stories kann die Lust am Experimentieren mit Bewegung und Klang steigen.

▶ Festgelegte Bewegungsmuster können über die Zeitlupe erkannt und dann evtl. verändert werden.

Methodische Hinweise

Heilpädagogik

Beispiel geistig Behinderte:
- Ein Plüschball wird um bzw. auf dem (liegenden, sitzenden) Körper gerollt. Der Ball kann langsam oder schnell rollen.
- Die Trommel (Gitarre, das Xylophon …) wird von der Erzieherin erst langsam, dann schnell gespielt. Können auch die Hände in diesem Tempo klopfen (auf dem Stuhlsitz,

auf den Boden, in die Hand der Erzieherin …)?
- Ein Vers oder ein kurzes Lied kann unterstützen und verdeutlichen, ordnen und strukturieren.
- Das Kind sitzt auf dem Boden und lehnt sich an die Erzieherin. Das Lied wird gesungen, gesummt, geträllert. Dabei schwingen die Körper leicht mit (Selbst wenn das Kind passiv ist, spürt es die Schwingung).

**Methodische
Hinweis**
▶ Der Körper als Wahrnehmungsfeld steht im Mittelpunkt, der Wechsel von Dynamik und verschiedenen Geschwindigkeiten wird erlebt.

▶ Das Umgehen mit der Zeit als Ordnungsfaktor ist Grundlage für viele heil-pädagogisch-rhythmische Aufgabenstellungen.

▶ Ordnung im Zeitablauf kann zur äußeren und inneren Sicherheit beitragen.

Ich entdecke das MATERIAL

Materialien haben Mittlerfunktion. Sie können durch ihre Farbe, Form, Beschaffenheit oder ihren Klang zum aktiven Tun auffordern, Bewegungen anregen und unterstützen.

**Japanische
Papierbälle**
Japanische Papierbälle (Japanbälle) sind sehr leichte, bunte Papierbälle, die zusammengefaltet und aufgeblasen werden können. Sie regen zu vielfältigen Spielen an, in gefaltetem Zustand (Schiffchen, Hütchen) ebenso wie aufgeblasen.

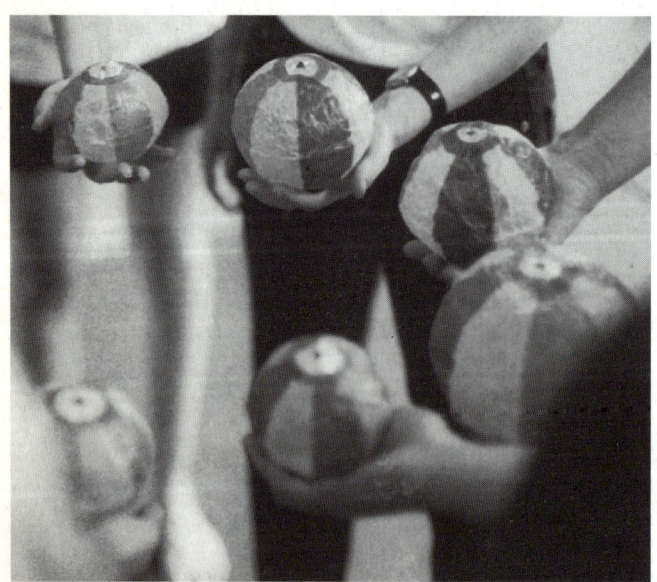

Grundspielformen Erwachsene

Begegnung mit dem Material:

• Am Rücken auf dem Boden liegen, die Augen schließen.

• Ein unaufgeblasener Japanball wird jeder Teilnehmerin auf den Bauch gelegt. Kann man etwas spüren oder nicht?

• Den Papierball mit geschlossenen Augen nehmen, betasten, das Loch zum Aufblasen erfühlen, versuchen, den Ball aufzublasen.

• Den aufgeblasenen Ball wieder auf den Bauch legen, hinatmen. Wie lange bleibt der Ball liegen?

Spiel mit Partnerin und der Gruppe:

- Jede spielt für sich am Platz und probiert aus, welche Bewegungsformen mit dem Papierball möglich sind: prellen, blasen, pusten, balancieren …
- Platz (Spielraum) erweitern, zum Aufstehen, in Bewegung kommen.
- Ball zur Musik balancieren (auf der Handfläche, dem Handrücken, dem Finger oder dem Unterarm …).

▶ Der Japanball lässt sich wesentlich leichter aufblasen als ein Luftballon. Der Ball reagiert auf leiseste Bewegungen. Er ist, trotz seiner „Zartheit" robust und hält auch kräftigeres Prellen aus. Er kann dabei gut für rhythmische Aufgaben (z.B. Schwerpunkt betonen, Metrum prellen) eingesetzt werden.

- Partnerin suchen, zu zweit mit zwei Bällen, zu zweit mit einem Ball spielen. Welche Möglichkeiten gibt es?
- Die gefundenen Spiele den anderen zeigen, vormachen, nachmachen….
- Spiel mit der ganzen Gruppe: Im Kreis stehen (sitzen, knien). Ein Japanball, in die Luft geprellt, soll nicht zu Boden fallen. Alle sind zuständig, verantwortlich. Wiederholung auch mit zwei oder mehreren Bällen.

Gruppenspiel mit dem Japanball

▶ Die Anleiterin sollte aufmerksam sein für Ideen und neue Spielformen der Teilnehmerinnen. Es ergeben sich oft spontan erfundene Spielvorschläge, die das eingefahrene Bewegungsrepertoire beim Spiel mit Bällen erweitern.

Methodische Hinweise

Elementarbereich

Materialerfahrung:

- In einem Stoffsack (z.B. kleiner Kissenbezug) sind knisternde Überraschungen. Man muss vorsichtig sein, wenn man hineingreift. Was könnte das sein, wie fühlt es sich an, wie hört es sich an?
- Jedes Kind darf sich einen Japanball herausholen.

- Zuerst erkennt man gar nicht, dass es ein Ball ist, er schaut eher wie ein kleines Schiff oder wie ein Hütchen aus.
- Ausprobieren, was man damit machen kann: z.B. als Hut aufsetzen und durch den Raum gehen.

- Welche Schnelligkeit oder wieviel Hüpfen verträgt der Hut, ohne dass er hinunterfällt? Man kann ihn auch auf der Hand, auf der Schulter, auf dem Rücken tragen, ihn wegpusten, schweben, fallen, segeln lassen.
- Das Aufblasen wird gezeigt (Mund dabei nicht ganz an die Öffnung).
- Mit dem aufgeblasenen Ball frei spielen, tragen, balancieren, pusten, prellen, auch zur Musik.

Gemeinsames Spiel:
- Zwei Kinder tragen, balancieren, bewegen gemeinsam einen Ball.
- In der Raummitte liegt ein Reifen o.ä. Alle Bälle werden hineingepustet, -gefächelt, -geworfen.
- Vielleicht entsteht ein Reifen-Papierball-Bild.
- *Achtung:* Die Bälle sind sehr leicht, der Reifen bietet keine hohe Begrenzung. Bei viel Wind werden einige Bälle wieder nach draußen rollen.

Methodische Hinweise

▶ Japanbälle faszinieren Kinder. Sie sind schön anzuschauen, durchscheinend bunt und leicht. Beim Prellen kann man sie auch hören. Sie sind gut geeignet für Kinder, die Angst vor Bällen haben. Sie lassen sich besser steuern als Luftballons und zerplatzen nicht so laut, wenn man sie unsanft behandelt.

Der behutsame Umgang mit zartem Material kann geübt, der Begriff „Leichtigkeit" kann erfahren werden.
▶ *Problem aus der Praxis*: Die Kinder wollen die Bälle immer gerne mit nach Hause nehmen. Aber auch bei den Erwachsenen werden die Bälle oft immer weniger.

Schulkinder

Weitere Variationen:
- Alle bisher genannten Spielformen sind möglich. Darüber hinaus kann man Bälle im Raum verteilt auf den Boden legen, zur Musik gehen, laufen, hüpfen. Möglichst wenige Bälle sollen sich dabei bewegen (sehr schwierig!) Auch andere Ebenen

einbeziehen: z.B. Stühle, Fensterbrett, Tisch usw.
- Mit den Gegensätzen „schwer–leicht" spielen (Japanball, Medizinball, Erdball …).
- Bälle einander zuprellen.
- „Ball über die Schnur" oder durch einen Reifen spielen.

▶ Beim Zusammenfalten den Ball zur Öffnung hin einstülpen (Hütchen), dann dritteln (Schiffchen).

▶ Japanbälle fordern zwar zuerst zum behutsamen Spielen auf, es braucht aber nicht verkrampft ruhig zu werden, sie halten mehr aus, als man denkt. Beim Platzen knallen sie wie eine Papiertüte. Kleine Risse können mit Klebeband repariert werden, die ausgewogene Balance ist jedoch dann gestört.

Hinweise

Jugendliche

Begegnung mit dem Material:
Hier können auch die Grundspielformen für Erwachsene eingesetzt werden. Weitere Ideen:
- Der Ball könnte „ganz zufällig" auftauchen oder herumliegen.
- Einen Ball oder mehrere Bälle wie beim Watteblasen von einer Seite zur anderen blasen.
- Zeit abschätzen: Wie lange dauert es, bis der Tisch leer ist?

Der Ball als Medium:
- Botschaften, Begriffe, Wörter auf die Bälle schreiben oder zeichnen; die Bälle bemalen, durcheinandermischen, sich einen aussuchen.
- Gedankenaustausch, Gespräche.
- Möglichkeit für die Anfangssituation: den eigenen Namen und persönliche Eigenschaften auf den Ball schreiben; durcheinanderprellen, fangen, lesen, die dazugehörige Person identifizieren.

▶ Jugendlichen keinesfalls Spielmaterial aufdrängen, sondern sie neugierig machen; das Material eventuell erst als Dekoration verwenden.

▶ Bekannte Spielformen mit neuem Material ausprobieren.

▶ Aufmerksam sein, auch für „leise", versteckte Spielvorschläge.

▶ Das Spielen und den Spaß daran muss man sich als Jugendlicher oft erst selbst wieder erlauben. Das gilt auch für Erwachsene.

Methodische Hinweise

Heilpädagogik

Beispiel verhaltensauffällige Kinder:
- Spiel mit dem Medizinball (oder einem anderem großen, schweren Ball): zuwerfen, rollen, Zielwerfen.
- Ausprobieren: Welche Spielarten sind noch möglich? Übergeben mit den Händen, mit den Füßen …

- Die Bälle werden immer kleiner und leichter.
- Die Augen schließen. *Hinweis:* Der nächste Ball, der in die Hand gelegt wird, ist ganz leicht (Papierball).
- Aufblasen, prellen, pusten, je nachdem, was sich in der Gruppe ergibt.
- Jeweils zwei prellen sich einen Ball zu. Wie weit kann man auseinander gehen?
- Zu dritt, zu viert, in der ganzen Gruppe spielen: mit einem Ball, mit zwei Bällen spielen. Alle sind für das Spielgeschehen gleichermaßen verantwortlich, es gibt keine Minuspunkte z.B. für Fallenlassen.

Methodische Hinweise

▶ Das Spiel muss die Möglichkeit bieten, sich zu bewähren. Steigert man die Anforderungen, ist es schwieriger, mit zartem, leichten Material umzugehen.

▶ Kooperation als Spielregel ermöglicht soziales Lernen.

Kreisel Obwohl der Kreisel zunächst ein typisches Kinderspielzeug ist, kann die Kreiselbewegung auch Erwachsene faszinieren.

Grundspielformen Erwachsene

Materialerfahrung und weiterführende Impulse:

- Viele verschiedene Kreisel liegen in der Mitte (große, kleine, bunte, einfarbige, mit Spiegel belegte, mit verschiedenen Formen bemalte …).
- Jede Teilnehmerin nimmt sich einen Kreisel, spielt damit.
- Auf Signal wird getauscht.
- Verschiedene Unterlagen werden ausprobiert (auf der Hand, auf begrenzter Fläche: Teller, Teppichplatte, Spiegel, Trommel, Frisbiescheibe, schiefe Ebene; auf verschiedenen Körperteilen …).
- Gleichzeitiges Andrehen: Welcher Kreisel bewegt sich am längsten, am ruhigsten, am weitesten weg vom Platz …?
- Kreisel auf der Trommel weitergeben. Wie lange kann er sich drehen, ohne hinunterzutanzen.
- Musik, Klänge zu einzelnen Kreiseln finden, ausprobieren.
- Kreiselbewegung als Ganzkörperbewegung (evtl. zuerst nur als Handbewegung), mit Musik unterstützen.

Der Kreisel tanzt von einer Trommel zur anderen.

▶ Es gibt ein großes Angebot verschiedenster Kreisel.

▶ Unterschiede werden festgestellt, aber nicht bewertet. (Nicht: *„Das ist ein guter Kreisel."* sondern *„Der dreht sich am ruhigsten."*)

▶ Es ist oft nicht einfach, passende Musik zu finden. Die Anleiterin muss verschiedene Möglichkeiten ausprobiert haben, darf aber nicht zu sehr beeinflussen.

▶ Bei der Körperbewegung „Drehen" auf das Gleichgewicht achten, man wird sehr rasch schwindelig.

Methodische Hinweise

Elementarbereich

Die Kreisel tanzen lassen:

• Jeweils ein Kind darf ihn „fangen" (mit der Hand, mit einem Tuch, einem Reifen ...) und dann selbst versuchen, den Kreisel zu drehen.

Kreiseltanz im Reifen

- Ausprobieren, wo der Kreisel noch tanzen kann, z.B. auf einem Stuhl, einem Tisch, auf der Schuhsohle oder auf dem großen Ball.
- Ein Kreisel tanzt im Reifen, ein zweiter will mittanzen. Wie viele Kreisel haben im Reifen Platz? Wann und wie stoßen sie zusammen? Welche tanzen am längsten?

Kreiselmusik:

- Womit können wir „Kreiselmusik" machen (z.B. mit Rassel, Cabasa, Schellen, Glockenspiel …)?
- Mit den Möglichkeiten, die den Kindern am besten gefallen, den Kreisel musikalisch begleiten.
- Wer möchte selbst einmal Kreisel sein und sich mit oder ohne Musik drehen?
- Alle fassen sich im Kreis an den Händen und bilden einen ganz großen Kreisel. Der Kreisel dreht sich zur Musik.
- Ein Kreisel verabschiedet sich tanzend von jedem Kind (am Boden, auf der Matte, auf einer Trommel, vielleicht sogar auf der Handfläche des Kindes …).

Methodische Hinweise

▶ Viel Zeit zum Schauen geben, nicht zu schnell von einer Aufgabe zur nächsten eilen.

▶ Anregungen, Assoziationen, „Bilder", die den Kindern einfallen, mit einbeziehen (z.B. *„Wie mir einmal beim Drehen schlecht wurde." „Das dreht sich wie die Sahne im Mixer". „Das sieht aus wie am Computer."* …)

▶ Erzählen, dass der Kreisel ein sehr altes Spielzeug ist. Welche Spielsachen von früher kennen wir noch?

▶ *Achtung:* Kinder sollen sich nicht zu lange drehen – auch ein Kreisel kommt zur Ruhe.

Schulkinder

Alle Spielmöglichkeiten und Hinweise für Erwachsene und den Elementarbereich gelten auch für die rhythmische Arbeit mit Schulkindern.

Weiterführende Ideen:

- Der Kreisel tanzt auf einer großen Fläche, die immer mehr eingegrenzt wird.
- Übertragung dieses Motivs auf die Ganzkörperbewegung im Raum, auch im Wechsel oder zugleich mit dem Kreisel.
- Sich vorstellen, dass der Kreisel eine Farbspitze hat oder einen Kreisel mit Farbspitze verwenden. Wie schauen diese Spuren auf Papier aus? Wer mag weitermalen (mit Farbstiften, Bleistiften, Kreiden, Fingerfarben)?
- Jeder weitere Kreisel könnte eine eigene Farbspur hinterlassen.
- Ein Gemälde für den Gruppenraum entsteht.
- Versuchen, die Elemente des Gemäldes nachzutanzen (Raumwege). Wann stößt man mit einem anderen Kind zusammen?

▶ Beim Malen nicht zu kleinflächig arbeiten. Großzügige Schwünge, Spiralen und Kreise ausprobieren lassen. Vielleicht entsteht eine Collage aus vielen Einzelbildern, die im Kreis verbunden sind. Bei dieser Aufgabenstellung wird das fächerübergreifende Prinzip der Rhythmik und die Verbindung zum Fach Kunsterziehung deutlich (*Berührungspunkte,* siehe Seite 166).

siehe Seite 166

Methodische Hinweise

Jugendliche

Übertragung der Kreiselbewegung:

- Der Bewegung des Kreisel einfach einmal zuschauen.
- Bewegungen vergleichen, sich bewusst einen Kreisel aussuchen, der zur eigenen Person, zur momentanen Stimmung, zum Freund, zu einer Situation usw. passt.
- Versuchen, den Kreisel zu beeinflussen: durch Antippen, Blasen, Ziehen am Tuch, auf dem er tanzt ….
- Zusammenstöße mit anderen Kreiseln herbeiführen.

- Übertragung der Kreiselbewegung auf andere Bereiche (Malprogramm, Computer, Musik …).
- Assoziationen zum *Kreisel* formulieren: *sich drehen, Spirale, aus der Reihe tanzen, überdreht sein, seine eigenen Kreise ziehen ….*
- Gegensätze suchen.
- Übertragung auf Musikformen.

Wohltuende Massage:

Wer möchte, kann sich mit kreisförmigen Bewegungen des Tennis- oder Igelballes den Rücken massieren lassen.

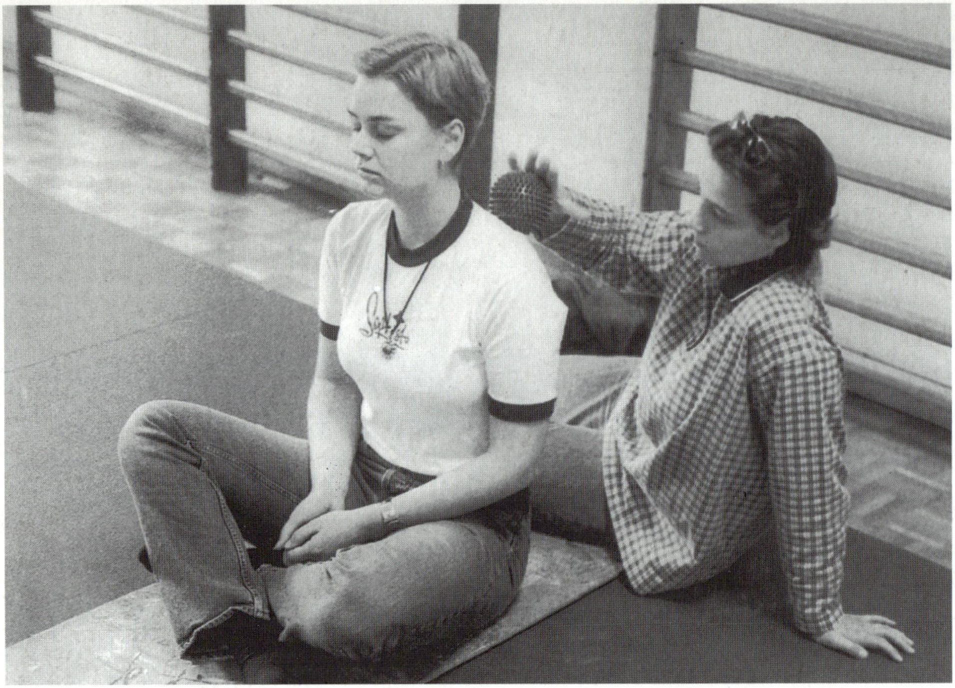

Eine
Rückenmassage
mit dem Igelball
entspannt.

Methodische Hinweise

▶ Situationen schaffen, die das „Spielen" erlauben, ohne dass man sich lächerlich fühlt.

▶ Bei der Anwendung von massageähnlichen Techniken auf Bedürfnisse nach Nähe und Distanz achten.

Heilpädagogik

Beispiel Sehbehinderte:

- Einem in Bewegung gesetzten Kreisel zuhören.
- Kreisel auf der Pauke andrehen (Verstärkung durch Schallübertragung!). Hören, wie lange er sich bewegt.

- Reagieren auf das Ende der Bewegung (klatschen, Trommelschlag, Stimme …).
- Zwei Kreisel auf verschiedenen Trommeln drehen, den Klangunterschied beschreiben.
- Den Kreisel fangen.

- Die Größe der „Tanzfläche" spüren; den Kreisel selbst in Bewegung setzen. An welcher Stelle muss man ansetzen, damit er nicht gleich anstößt oder herunterfällt?
- Verschiedene „Tanzböden" ausprobieren. Welche klingen am angenehmsten, am lautesten, am schwächsten, am dunkelsten …? Experimentieren, vergleichen, differenzieren.

- Wie klingen die Flächen, wenn statt des Kreisels die Hände darauf tanzen?
- Eine Hand tanzt in der Luft, solange sich der Kreisel dreht.
- Kreisel in die Hand nehmen, fühlen, spüren, sich ein genaues Bild machen.
- Mehrere Kreisel vergleichen, den eigenen wiederfinden ….

▶ Kreisel geben ein leises, aber hörbares Geräusch von sich. Man kann zum deutlicheren Hören auch größere Holzkreisel oder Brummkreisel aus Metall nehmen, die jedoch viel plumper sind und nicht auf der Trommel Platz haben, evtl. auch an Kleinkinderspielzeug erinnern. Ausprobieren ist sinnvoll.

▶ Trommel- und Paukenfelle verstärken den Klang, andere verstärkende Unterlagen können gemeinsam ausprobiert werden, z.B. Schachteln, Waschmittelbehälter, Töpfe, Kisten ….
▶ Reagieren, Hinhören, Unterscheiden von Klängen können Lernziele sein, die mit dem Kreisel erarbeitet werden.

Methodische Hinweise

Scheinbar „wertloses" Material kann viele außergewöhnliche Spielimpulse geben und unterschiedlichste Sinnes-, Körper-, Klangerfahrungen bieten. Große Papprollen (50–200 cm lang, 5–10 cm Durchmesser) sind ideal zum Experimentieren.

Papprollen

Grundspielformen Erwachsene

Bewegung um die Rollen:
- Die Papprollen liegen unregelmäßig verteilt auf dem Boden.
- Alle bewegen sich zu Musik durch den Raum um die Rollen (Röhren).

- Bei Musikende werden die Röhren mit dem Fuß angerollt (vor, zurück, seitlich, gerollt, geschoben). Spielregel: Keine Röhre berührt die andere.

- Auf dickwandigen Röhren (Teppich-rollen) kann man auch versuchen zu balancieren.

Partneraufgaben:
- Eine „Blinde" wird an den Röhren vorbeigeführt, sie darf mit Händen und Füßen tasten: Wie lange, wie dick, wie schwer sind die Rollen, welche Eigenschaften haben sie sonst noch?
- Jede probiert Spielmöglichkeiten mit den Röhren aus: rollen, aufstel-len, etwas durchrollen, darüberrol-len, durchschauen, die Rolle als Fernglas zum Anvisieren bestimm-ter Punkte benützen. Die Partnerin nicht aus dem Auge verlieren.
- Die Rolle als Schallverstärker ans Ohr halten, hineinsprechen lassen, flüstern, singen. Eine „Flüsterrohr-Reihe" bilden.
- Mit den Röhren bauen und gestal-ten: Eine Skulptur entwickeln.
- Einander mehrere Möglichkeiten zeigen, vormachen, nachmachen.

▶ Sinnvoll ist es, Rollen von Teppichbö-den, Haushaltspapierrollen und Plakat-rollen zu sammeln. Toilettenpapierrol-len allerdings sind wenig geeignet. Sie sind unstabil, rufen Assoziationen her-vor und sehen weder interessant noch ästhetisch aus.

▶ Große Papprollen brauchen einen großen Raum und eignen sich auch fürs Freie. Sie bieten farblich wenig Anreiz, die Oberfläche ist jedoch meist ange-nehm. Die Farbwirkung wird durch Be-malen interessanter. Große Rollen sind sehr stabil, aber auch sperrig und schwer.

▶ Die ästhetische Seite sollte, gleich bei welchem Material, nicht zu kurz kom-men. Schöne, ansprechende Materia-lien fördern die Spielfreude wesentlich mehr als unansehnliche.

Elementarbereich

Experimentieren mit dem Material:
- Eine große Papröhre liegt im Raum (kleinere könnten darin versteckt sein). Sie kann mit Tüchern oder Decken verhüllt sein.
- Sich hinaufsetzen (nicht hinaufstel-len!), raten lassen, die Röhre ganz langsam enthüllen. Mögliche Reak-tion: „Das soll ein Spielzeug sein?"

- Ausprobieren, wie man damit spielen kann: rollen, schieben, ziehen, durchschauen. Kann man am anderen Ende jemanden sehen?
- Durchrufen, durchsprechen.
- Eine Kugel (Murmel) durchrollen, hören, auffangen.
- Mit Schlägeln (Holzstäben, Löffeln) auf der Röhre trommeln (Das ist eine echte „Röhrentrommel").

- Wie kann die Rolle geschmückt werden (mit Tüchern, Stäbchen, kleinen Bausteinen, Papier …)? Kann sie jetzt noch immer bewegt werden? Können wir sie vielleicht gemeinsam hochheben und tragen?
- Zum Schluss versuchen alle, die Rolle mit dem Körper zu bedecken, so dass nichts mehr von ihr zu sehen ist.

▶ Grundsätzlich können viele Aufgaben für Erwachsene auch im Elementarbereich eingesetzt werden, wenn man die Spielformen etwas vereinfacht, z.B. sollte statt vieler Rollen (Erwachsene) vorerst nur eine Rolle zum Kennenlernen im Raum liegen.

Auch bei Erwachsenen gibt das Reduzieren oft wichtige neue Impulse.
▶ Die Einfachheit des Materials ermöglicht vielfältigste Assoziationen: Eine Papröhre kann ein Tunnel, eine Brücke, eine Säule, eine Trommel, ein Balken, ein Fernrohr, ein Telefon sein ….

Methodische Hinweise

Schulkinder

Mit Papprollen im Freien spielen:
- Der Transport der Papröhre ins Freie kann schon als Aufgabe verstanden werden und auf unterschiedliche Weise vor sich gehen: zu zweit eine Röhre, zu dritt vier Röhren tragen, die Röhren, so gut es geht, versteckt befördern, auf Decken gelegt tragen, als Schlange (Kind, Röhre, Kind …) transportieren.
- Im Freien kann man vieles von dem,

was man im Raum spielt, ebenfalls ausprobieren: rollen, durchrufen, durchschauen …
- Auf der Wiese kann man gut über die Rollen hüpfen oder darauf balancieren (mit Hilfestellung).
- Große Rollen zu zweit, zu dritt, zu viert tragen. Ein Kind schaut durch die Rolle auf einen bestimmten Punkt im Garten und beschreibt, was es sieht, die anderen raten.

- Aus mehreren Röhren ein superlanges Fernrohr bilden. Wieviel kann man jetzt sehen?
- Röhren als Alphörner benutzen: durchsingen, trällern, rufen, brummen.
- Echospiele: Das Echo von einem anderen Alphorn kommt zurück. Wie weit kann man entfernt sein und einander noch hören?
- Gemeinsamer Rücktransport: Wer hat eine lustige, interessante Idee?
- Wenn mehrere Vorschläge vorhanden sind, den Weg in Etappen teilen und alle Ideen ausprobieren.

Methodische Hinweise

▶ Aufbau- und Wegräumspiele sind spannender als die Aufforderung „Wer hilft?" Außerdem sind alle beteiligt und nicht nur einzelne „brave Kinder".

▶ Bei Echo-, Sing- und Ruf-Spielen im Freien darauf achten, dass die Stimme nicht überanstrengt wird. Der freie Raum und auch die Röhre verschlucken viel Schall.

▶ Das genaue Fixieren einer bestimmten Stelle durch das Rohr intensiviert die Detailbeobachtung (siehe auch *Ich entdecke die NATUR*, Seite 150).

Jugendliche

Impulse zum Weiterführen:
- Pappröhren als Baumaterial für eine Skulptur benutzen. Welche Gedankenverbindungen entstehen (Orgelpfeifen, Pyramide, Begrenzung, das schwarze Loch, Palmen ohne Wedel, Bäume ohne Äste …)?
- Foto oder Dia eines Kunstwerks (z.B. des Sibelius-Denkmals in Helsinki) zeigen, das auf Röhren basiert.
- Mit dem Material bauen. (Fertige) Skulpturen können bemalt werden. Klingende, tönende Elemente können mit verarbeitet werden.
- Das Skulpturenbauen kann Anlass und Ausgangspunkt sein und als das Thema *Körperskulptur* weitergeführt werden.

Methodische Hinweise

▶ Die Verbindung zur Kunsterziehung steht bei diesen Aufgabenstellungen für Jugendliche im Vordergrund. Die Pappröhren sind in diesem Fall bildnerisches Gestaltungsmaterial.

▶ Rhythmisch-gestaltpädagogisches Arbeiten mit Körperskulptur und Körperausdruck wäre eine logische Weiterführung, die wiederum gute Gesprächsmöglichkeiten eröffnet. Wie sehe ich mich, wie werde ich gesehen?

▶ Welches Bauwerk, welches Kunstwerk passt für mich, möchte ich sein? Welche Haltung, welcher Teil einer Großskulptur entspricht mir?

Heilpädagogik

Beispiel verhaltensauffällige Kinder:
- Kommunikationsmöglichkeiten mit Hilfe der Papphöhren erkunden: telefonieren, trommeln, sich etwas per Röhrenpost schicken.
- Formen des Zusammenspiels finden.

- Gemeinsam aus vielen Röhren ein Bild legen (Zwischenräume mit verschiedenen anderen Materialien füllen) oder ein Denkmal bauen.
- *Überlegung:* Welcher Sockel kann die Standfestigkeit erhöhen?

▶ Verhaltensauffällige Kinder und Jugendliche haben oft Probleme mit Interaktion und Kommunikation.
▶ Stress- und konfliktfreies Zusammenspiel ist eine schwierige Aufgabe.
▶ Materialien können Mittlerfunktion übernehmen und als neutraler Kommunikator dienen.

Methodische Hinweise

Ich entdecke OBJEKTE

Objekte sind im Verhältnis zu normalen Materialien und Geräten oft gewichtiger, voluminöser, ungewöhnlicher und beziehen aus diesen Eigenschaften ihre spezifischen Spielreize.

Das Schwungtuch (der Fallschirm) ist kein überliefertes, altes Rhythmikmaterial, sondern eher bekannt aus den „New Games". Man kann es gut zur Unterstützung und Anregung rhythmisch-kreativer Schwerpunkte einsetzen. Es verbindet die Gruppe, ermöglicht trotzdem Distanz, regt zum Bewegen an, macht sensibel für Schwingungen, produziert Geräusche und Töne.

Schwungtuch Folie

Gruppenerlebnis mit dem Spielobjekt Schwungtuch

Grundspielformen Erwachsene

Spielideen im Freien:

- Stehen in einem engen Kreis.
- Das Schwungtuch wird, so klein wie möglich zusammengerollt oder geknüllt, in die Mitte des Kreises gelegt.
- Jede Teilnehmerin greift sich ein Stück, ganz langsam wird der Kreis erweitert, ohne das Tuch loszulassen.
- Wer mag, kann die Augen schließen und spüren, wie das Tuch sich ausbreitet; wenn es ganz gespannt ist, Augen öffnen und sich überraschen lassen, wie groß es ist.
- Auf gute Verteilung rund um das Tuch achten. Aufgaben: Spannen – Entspannen – Lösen (siehe auch *Rhythmik bei Stress*, Seite 157).
- Gemeinsam das Tuch in Schwingung bringen, von ganz wenig bis ganz stark.
- Die Bewegung des Tuches mit der Stimme begleiten. Die Schwunggeräusche bis zum Sturm verstärken, Bewegung und Geräusch wieder abschwellen lassen.
- Wenn das Tuch ganz hoch geschwungen wird und so eine große Glocke entsteht, können einzelne Teilnehmerinnen loslassen, darunter durchlaufen und die Plätze wechseln. Gleiche Aufgabenstellung mit Nennung des Namens.
- Wie viele können gleichzeitig loslassen ohne dass das Tuch wegfliegt? Was passiert, wenn alle loslassen?
- Das Schwungtuch mit wenig Kraft (mit zwei Fingern), mit viel Kraft schwingen, auch einbeinig stehend, in der Hocke, im Sitzen; sich gemeinsam vom Platz wegbewegen.

Schwungtuch und zusätzliche Materialien:

- Verschiedene Materialien werden auf das Tuch gelegt und mitgeschwungen (Luftballons, Japanbälle, Bälle, Blätter … einzelne, mehrere, viele …). Wie viele bleiben wie lange liegen, auch bei starkem Schwingen?
- Ein Ball rollt während des Schwingens am Tuch von einer Teilnehmerin zur anderen, rollt am Rand des Tuches entlang und beschreibt einen Kreis (sehr schwierig, alle müssen mithelfen).
- Ein Teil der Gruppe (z. B. jede zweite im Kreis) bemüht sich, dass der Ball auf dem Tuch bleibt, die anderen versuchen ihn hinauszubefördern.

Gestalten mit dem Tuch:

- Das Tuch wird sehr hoch geschwungen, so dass eine große Kuppel entsteht. Alle laufen zur Mitte, ohne das Tuch loszulassen und setzen sich rasch innen auf den Tuchrand. Die eingefangene Luft lässt einen großen schützenden Iglu entstehen (Ruhephase!).
- Wem die Luft unter dem Tuch zu schlecht wird – sie verbraucht sich sehr rasch – der begibt sich schnell nach draußen.
- Von außen das Gebilde betrachten.
- Eine oder mehrere Teilnehmerinnen bleiben unter dem Tuch, bewegen sich mit oder ohne Geräusche, liegen, sitzen, stehen, heben einen Arm, bilden Skulpturen oder entwickeln kleine Szenen.
- Ratespiele: Wer ist wer? Was wird dargestellt?

Ruhephase:

- Jemand legt sich auf das Tuch, die anderen erzeugen Wellen, von Flaute bis Sturm, je nach Wunsch. Neue Spielideen mit einbeziehen.
- Zum Abschluss tut eine Rückenmassage gut (siehe auch *Rhythmik bei Stress*, Seite 157).

▶ Schwungtuch, Fallschirm oder Folie bieten unzählige Spielmöglichkeiten für viele Situationen bzw. ermöglichen sehr viele Erfahrungen, je nach Material, Lernziel und Gruppe.

▶ Das Schwungtuch reizt zum Agieren. Wichtig ist daher, dass bewusst ruhige Phasen eingebaut werden.

▶ Fallschirme bieten ähnliche Spielmöglichkeiten. Ein zusätzlicher Spielanreiz ist die Öffnung in der Mitte (z.B. Ziel für kleine Bälle).

▶ Abdeckfolie ist nicht reißfest, vorsichtiges Schwingen ist erforderlich. Reizvoll ist dagegen die Transparenz.

Methodische Hinweise

Elementarbereich

- Das Tuch als kleines Päckchen mitbringen, „auspacken".
- Die Größe feststellen. Wieviele Kinder haben an einer Seite des Tuches Platz (wenn sie stehen, sitzen, parallel dazu liegen)?
- Das Schwingen ausprobieren (vgl. *Grundspielformen für Erwachsene*). Woran erinnert das Bild?

- Wer kann bei leichtem oder schwererem Wellengang über diesen „Schwungtuch-See" laufen? Gibt es Inseln?
- Die Plätze wechseln.
- Sich unter dem Tuch verstecken: Wer fehlt (schauen, tasten, hören, raten)?

- Mehrere Kinder sind unter dem Tuch verteilt, eine Glocke o.ä. wird zwischen ihnen weitergegeben. Die Kinder draußen raten, wo sie gerade ist.
- Das Tuch ist eine Insel, alle ruhen sich aus.

Methodische Hinweise

Es gelten auch die Hinweise zu den Grundspielformen für Erwachsene.

▶ Die Größe des Tuches muss der Anzahl und dem Alter der Kinder entsprechen.

▶ Schlaufen am Tuch erleichtern das Anfassen und Festhalten.

▶ Bunte Tücher und Fallschirme reizen stärker als einfarbige.

▶ Je jünger die Kinder, um so reißfester soll das Material sein, damit nicht ständig ermahnt werden muss.

Schulkinder

Die Spielformen für Erwachsene und für den Elementarbereich können auch mit Schulkindern praktiziert werden.

Spiel mit Schwungtuch und Riesenball (Riesenballon):

- Man kann gemeinsam den großen, schweren Ball transportieren, tragen, aus dem Schwungtuch werfen (Vorsicht!).

- Das Schwungtuch zu einer langen Schlange rollen, alle hängen sich daran. Wer traut sich, die Augen zu schließen? Die anderen müssen gut auf die „Blinden" achten.
- Kraft-Reaktionsspiele: akustisches Signal für Richtungen, z.B. Trommel für vorwärts, Becken für rückwärts, dabei das Tuch nicht auslassen.

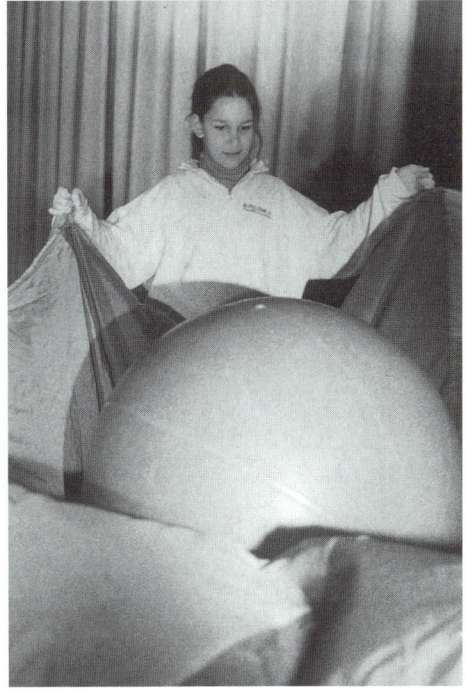

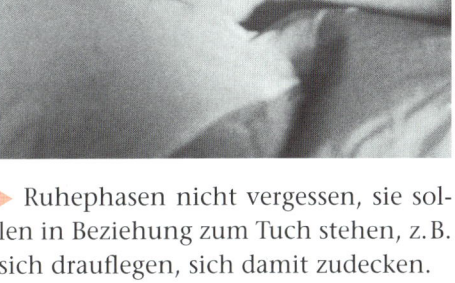

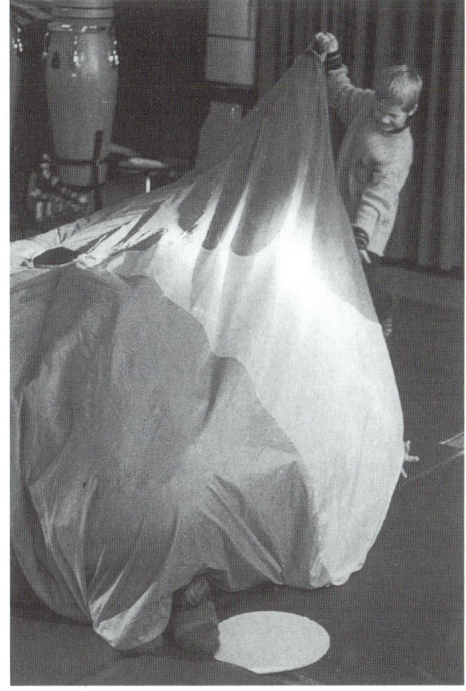

Schwungtücher bieten zahlreiche Möglichkeiten zur Sinnes- und Materialerfahrung.

▶ Ruhephasen nicht vergessen, sie sollen in Beziehung zum Tuch stehen, z.B. sich drauflegen, sich damit zudecken.

▶ Das feste Tuch fordert zum Kräftemessen (Tauziehen) auf. Spielregeln entwickeln, nicht nach dem Motto „Wer ist der Stärkste?" sondern mit der Intention „Gemeinsam sind wir stark!"

▶ Das Tuch kann nicht nur ausgebreitet, sondern auch in anderer Form einbezogen werden (Schlauch, Zelt, Landschaft …).

Methodische Hinweise

Jugendliche

Feste oder Feiern erleichtern den Einstieg mit dem Schwungtuch, evtl. zuerst einen Fallschirm als Dekoration verwenden. Grundsätzlich sind alle bisher genannten Spielformen möglich.

Variationen, Ergänzungen:

- Figuren formen. Eine Teilnehmerin unter dem Tuch wird wie eine Statue geformt, eine andere versucht, die Form zu ertasten und sich selbst in diese Haltung zu bringen; enthüllen und vergleichen.

- Tanz unter dem Fallschirm: Dabei halten einige das Tuch wie ein Dach oder das Tuch wird nur von den Köpfen gehalten u. a. m.
- Gespräch über Nähe und Distanz, Enge und Weite.

Methodische Hinweise

▶ Gut beobachten und sensibel sein. Übungen, die viel Nähe (Körperkontakt) verlangen, nur auf freiwilliger Basis durchführen. Gruppenphase beachten!

Heilpädagogik

Beispiel verhaltensauffällige Kinder:
Schwingen und ruhige Wellenbewegungen mit dem Tuch können sehr entspannend wirken.

- Mehrere Luftballons (für jedes Kind einer) bewegen sich auf dem leicht geschwungenen Tuch.
- Wer kann den eigenen Ballon mit den Augen begleiten?
- Alle Ballons werden heruntergeschüttelt (Sturm) und unter dem Tuch gefangen bzw. bewegt.
- Gegensätzliche Bilder von Windstille bis zum Gewitter und Orkan ausdrücken und in Bewegung umsetzen.

- Ein Kind darf dirigieren und sich verschiedene Wind- und Wellenstärken wünschen (zeigen – nicht reden!).
- Variation: Die Dynamik mit einem Instrument (leise – laut) verdeutlichen.
- Hände und Arme ausschütteln, dabei das Tuch nicht loslassen; erst ganz fest, dann immer leichter, bis der Wind sich legt.

Methodische Hinweise

▶ Hier findet Arbeiten zwischen den Polaritäten „bewegt" und „ruhig" statt. Beides wird zugelassen bzw. eines ergibt sich aus dem anderen.

▶ Die Körpersteuerung aus der (über)aktiven Bewegung in die Ruhe ist schwierig. Das Tuch ist Katalysator und macht Bewegung oder Ruhe deutlich sichtbar. Bilder und Vorstellungen erleichtern auch hier die Bewegungsarbeit.

Trampolin

▶ Das Trampolin ist kein Rhythmik- sondern ein Sportgerät und nur in wenigen Einrichtungen vorhanden. Ich verwende es hier als Objektbeispiel, weil mir das Spiel mit dem Trampolin den rhythmischen Einstieg bei verhaltensauffälligen Kindern und Jugendlichen im Heim erleichtert hat. Daher werden im Folgenden ausschließlich Beispiele aus diesem *heilpädagogischen Bereich* vorgestellt.

Beispiel verhaltensauffällige Kinder und Jugendliche:
- Trampolin wenn möglich gemeinsam aufstellen.
- Zur Musik drum herumrennen, unten durch-, später auch oben drüberkrabbeln oder -rollen, sich ziehen; einzeln, mehrere, alle.
- Ein Kind liegt auf dem Trampolin, die Liegefläche wird von der Erzieherin oder von allen leicht angeschwungen; Wünsche (stärker, leichter) sind möglich. Wer mag, kann die Augen schließen.
- Ein Kind darf sich auf dem Gerät bewegen: im Liegen, Sitzen, Gehen, Stehen. Alle anderen sind „Wächter", die darauf achten, dass nichts passiert (wichtige Funktion der Passiven, Wartenden). Klare Zeit vorgeben, z. B. je eine Liedstrophe lang.

- Leichtes Springen, während die übrigen singen. Der Rhythmus des Singens überträgt sich.
- Ein Kind sitzt unter dem Trampolin, eines oben. Ein oder mehrere Finger laufen auf der durchscheinenden Fläche von unten spazieren. Das Kind oben verfolgt mit seinem Finger die Bewegungen.
- Zwei oder mehrere Kinder liegen auf dem Trampolin, eines sitzt oder steht. Es versetzt die Fläche in Schwingungen und schaukelt die anderen damit an. Was passiert, wenn alle sitzen (stehen)?
- Gemeinsamer Sitzkreis. Wie versetzen wir uns in Bewegung?
- Einen Ball gemeinsam zum Springen bringen (siehe Seite 99).

Methodische Hinweise

▶ Der Umgang mit einem etwas exotischen Material wird geübt. Durch vorsichtigen Einstieg kann die Angst genommen werden. Nach und nach ist eine Steigerung des Schwierigkeitsgrades möglich.

Das Kind kann ein Gerät kennen lernen und benützen, das sonst vorwiegend von Sportprofis verwendet wird. Bewegungsaktive, geschickte, sportliche Kinder können weitere Fähigkeiten und Möglichkeiten erproben.

Vorrang hat das Zusammenspiel (Verantwortung, Achten auf den anderen, die Unterschiedlichkeiten wahrnehmen und akzeptieren lernen, Aktive bringen Passive in Bewegung, sich bewegen lassen).

Gute Vorbereitung, gutes Absichern, Spielregeln sind unumgänglich, z.B. nie ohne Hilfestellung, ohne Aufsicht agieren, klare Zeitgrenzen setzen! Wünsche und Bedürfnisse der Teilnehmer müssen respektiert werden.

Ich entdecke meinen KÖRPER

Der eigene Körper als Wahrnehmungs- und Übungsobjekt ist Grundlage jeder rhythmisch-kreativen Arbeit. Die Bewusstheit für den ganzheitlichen Ansatz, für die enge Verbindung von Körper, Geist und Seele, soll vertieft werden.

Grundspielformen Erwachsene

Körperkontakt, Körperwahrnehmung:
Bei dieser Wanderung durch den Körper geht es vorrangig darum, die selbst gewählte Haltung zu überprüfen, die Befindlichkeit der einzelnen Körperteile zu beobachten, ohne die Haltung merklich zu ändern. Muskelspannungen, Anspannungen werden spürbar.

• Sich einen Platz im Raum bewusst aussuchen, den Platz mit Matte oder Decke kennzeichnen.

• Eine angenehme Stellung (Haltung) einnehmen (liegen, sitzen ...), in der man einige Zeit verharren kann. Die Stellung dabei so wenig wie möglich verändern.

• Das Bewusstsein in die Füße leiten: Die Auflagefläche spüren, Fußsohlen, Zehen, Fersen, Fußgelenke wahrnehmen.

• Etwas höher wandern. Sind die Waden angespannt, die Knie durchgestreckt, gebeugt, die Oberschenkel schwer, locker?

• Wie schwer liegt der Beckenbereich auf dem Boden?

- Wie geht es dem Bauch? Kann er sich beim Atmen gleichmäßig heben und senken? Drückt der Hosenbund?
- Wahrnehmen von Rippenbogen und Brustkorb.
- Welche Auflagefläche hat der Rücken? Ist irgendwo Druck oder Spannung zu spüren?
- Die Gedanken in den Schulterbereich senden. Wo setzen die Arme an?
- Zuerst den linken Arm bis zur Hand hin durchspüren. Die Hand bewusst wahrnehmen: Auflagefläche, Stellung der Finger, Handfläche, Handrücken. Danach wieder zurückwandern. Ebenso mit dem rechten Arm verfahren.
- Wahrnehmung der Schultern und des Halses. Oft sitzen hier Anspannungen.
- Die Körperwanderung hat ihren höchsten Punkt erreicht. Den Kopf, seine Auflagefläche, einzelne Teile des Gesichts, Kinn, Nase, Wangen, Augen und Ohren spüren.
- Nochmals kurz Größe und Stellung des Körpers wahrnehmen.
- Sich strecken, räkeln, wenn nötig die Stellung ändern.

Den eigenen Körper als Wahrnehmungsobjekt entdecken

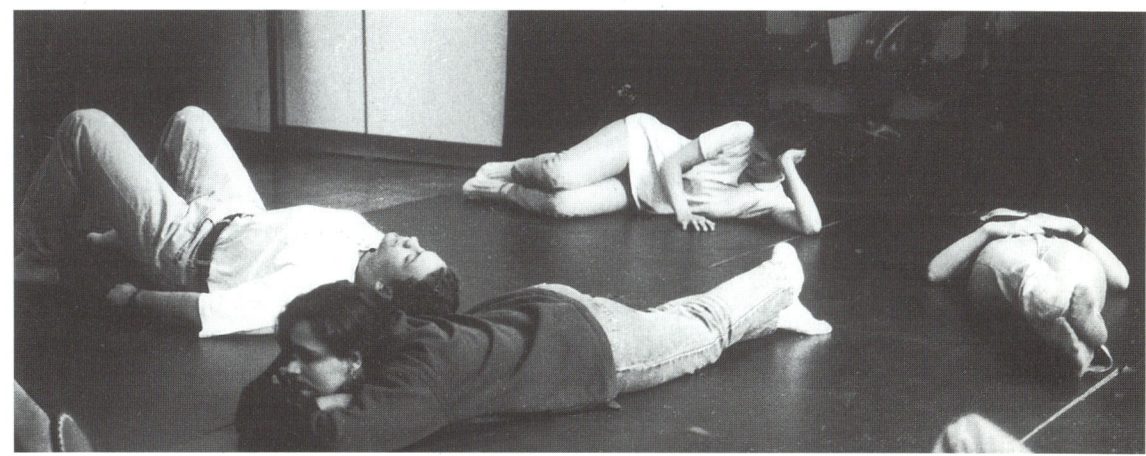

Körperwahrnehmung mit Musik:
- Einzelne, länger klingende Töne werden angespielt (z.B. mit Metallophon oder Gitarre).
- Solange der Ton vernommen wird, soll ein Körperteil in Bewegung sein, wenn nichts mehr zu hören ist, wird auch die Bewegung gestoppt.
- Sich jede neue Haltung bewusst machen, dabei ganz langsam zum Sitzen kommen.
- Gespräch, Austausch.

Methodische Hinweise

▶ Eine „Körperreise" kann sehr entspannend sein, ihr Ziel ist jedoch nicht die Tiefenentspannung, sondern die sensibilisierte Aufmerksamkeit für die eigene Befindlichkeit.

▶ Wichtig ist das bewusste Auswählen des eigenen Platzes.

▶ Der Raum sollte eine angenehme Temperatur haben, den Teilnehmerinnen darf nicht kalt sein. Eventuell Vorübungen (Bewegung) zum Aufwärmen machen.

▶ Die Zeiteinschätzung bei Körperübungen ist für die Anleiterin oft schwierig, da jede Person ihren eigenen Rhythmus hat. Es empfielt sich, sich an den langsameren Teilnehmerinnen zu orientieren. Das Zeitausfüllen beim Warten kann geübt werden.

Orientierung an den Langsameren

▶ Eine störungsfreie Atmosphäre ist sehr wichtig.

▶ Hintergrundmusik, und sei sie noch so „meditativ", ist bei diesen Übungen nicht sinnvoll. Die Konzentration auf sich selbst soll nicht durch Musik beeinträchtigt werden. Die Rolle der Musik darf auch bei ruhigen Aufgaben nicht die einer Berieselung sein (siehe Beispiel oben).

▶ Fragestellungen und Hinweise vorher überlegen, trotzdem spontan bleiben, nicht an einem Fragenkatalog hängen, schon gar nicht ablesen. Die Anleiterin sollte die Gruppe bzw. die einzelnen Teilnehmerinnen immer im Blickfeld haben.

Füße:
Füße sind höchst sensible Körperteile, auch wenn sie die meiste Zeit des Tages in Schuhen versteckt sind.

- Verschiedene Fortbewegungsarten ausprobieren. Tempo, Schrittgröße und Dynamik ändern. Die Füße spielen lassen (trippeln, stampfen …).

- Verschiedene Fußteile besonders belasten.
- Den Zusammenhang zwischen Gangart, Bewegung der Füße und Körperhaltung beobachten, bei sich selbst, bei den anderen.
- Ein Instrument regt eine bestimmte Gangart an. Jede kann eigene Ideen entwickeln.
- Erspüren der Füße im Liegen. Die Füße werden aufgestellt, Fußsohlen sind am Boden. Welche Teile des Fußes sind spürbar, welche wenig? Sind sie kalt, warm, angespannt?
- Mit den Füßen am Boden spielen (schleifen, stampfen …) den Platz rund um die Matte erkunden.
- Kontakt zu den Füßen anderer Teilnehmerinnen aufnehmen, auf diese Weise eine Partnerin suchen.
- Die Füße spielen miteinander; dabei kann viel, wenig oder gar kein weiterer Körperkontakt zu Stande kommen. Kräfte messen, sich vom Platz wegdrücken.
- Beim Aufstehen bleiben die Füße in irgendeiner Form in Verbindung.

Partner- und Gruppenarbeit:
- Jede bewegt sich allein im Raum. Wie geht man auf unterschiedlichen Böden (Sand, Gras, Steinen, Stoppelfeld, Eis …)?
- Die eigene Phantasie spielen lassen, weitere Ideen entwickeln und ausdrücken.
- Eine Partnerin ein kurzes Stück auf ihrem Weg begleiten.
- Laufsteg: Verschiedene Böden, Wege raten.
- Kleingruppenarbeit: Ein kleines „Fuß-Theater" entwickeln. Ein Vorhang z. B. lässt nur die Füße sichtbar werden.
- Füße be- oder verkleiden (verschiedene Socken, aber auch Tücher, Handschuhe, Schuhe …). Füße bemalen.
- Füße (Socken) erraten.
- Musik machen mit den Füßen.
- Verabschieden der Füße.

Phantasie entwickeln und eigenen Ideen Gestalt geben

▶ Die intensive Beschäftigung mit den Füßen, sei es bei Wahrnehmungs- oder Gestaltungsaufgaben, ist ein interessantes Aufgabengebiet. Vorstellungshilfen unterstützen die Teilnehmerinnen ebenso wie reale Hilfsmittel (Fußtastwege).

▶ Bei Körperkontaktübungen muss behutsam vorgegangen und auf Abwehrreaktionen geachtet werden.

Methodische Hinweise

Das Klang-spektrum des Körpers kennen lernen

Bodypercussion – Körperorchester:
Die Klangmöglichkeiten des Körpers zu erproben, kann viele Schwerpunkte beinhalten (z. B. Klänge ausprobieren, damit improvisieren). In diesem Zusammenhang steht der leichte Massageeffekt, das Aufwecken, Wahrnehmen und Warmmachen der einzelnen Körperteile im Vordergrund.

- Jede Teilnehmerin klopft sich im Stehen vom Kopf bis zu den Zehen mit leichten, weichen Schlägen ab: Wo ist es angenehm, wo muss man vorsichtig sein? Wo kann man intensiver und stärker klopfen, wo nur ganz sanft?

- Der Körper klingt nicht an allen Stellen gleich. Ausprobieren, wie z. B. die Wangen, der Bauch, die Oberschenkel, die Hände klingen.
- Jemand wünscht sich eine Spielart auf einem bestimmten Körperteil, (z. B. mit den Handflächen auf den Rücken trommeln), alle spielen mit.
- Wünsche können verbal oder nonverbal geäußert werden.
- Wechselspiel: Abwechselnd klopft nur eine, dann klopfen alle zusammen.
- Der Grundrhythmus wird von allen gespielt, ein Solist tritt hörbar hervor, das Orchester spielt leiser.

Methodische Hinweise

▶ Es kann bewusst gemacht werden, für welche Teile des Körpers z. B. das Beklopfen angenehm bzw. unangenehm ist (Die Aufgabe ist eine gute Vorbereitung für Partneraufgaben mit Körperkontakt und massageähnliche Übungen).

▶ Interessant ist in jedem Fall, wie verschieden die einzelnen Körperteile „gestimmt" sind, das reicht vom dunklen, hohlen Klang des Bauchraumes, bis zum hellen, kurzen der Zähne.

▶ Diese Aufgabenstellung kann auch zur musikalischen Arbeit mit dem Rhythmus hinführen (Klanggesten).

Elementarbereich

Körperwahrnehmung:

- Begrüßungsformen: Welcher Körperteil möchte besonders begrüßt werden?

- Jedes Kind darf sich wünschen, wie diese Begrüßung sein soll (zart, leise, fest …).
- Eine einfache Form (Kreis, Dreieck, Strich) wird auf die Hand eines Kin-

des gezeichnet, diese überträgt das Kind wieder in die Hand der Anleiterin.

- Wir begrüßen uns mit „Gummiarmen" (locker) oder mit „Holzarmen" (steif).
- Man kann sich auf die Füße eines Erwachsenen stellen, ein Stück mitgehen (kleine, große Schritte).

- *Lied*: „Zeigt her eure Füße, zeigt her eure Schuh und schauet den lustigen Filzpantoffeln (Ringelsöckchen …) zu. Sie tanzen (schleichen, hüpfen …), den ganzen lieben Tag."
- Die Kinder dürfen die Füße verkleiden, dann wird das Lied nochmals gespielt und gesungen.

▸ Bei diesen Begrüßungsformen kann die Erzieherin schnell sehen, wie viel Körperkontakt gewünscht ist, wie bekannt die einzelnen Körperteile sind, ob und wie viele benannt werden können. Manche Kinder möchten den ganzen Körper begrüßt haben (führt fast zur Massage), manche wollen nicht berührt werden. Kinder nicht zu Körperkontakt drängen, aber bei Bedarf Nähe vermitteln!

Methodische Hinweise

▸ Mit den Füßen kann man gut spielen, vor allem barfuß, wenn der Boden warm genug ist.
▸ Kinderlieder, Verse oder Geschichten regen zum Fußtheater an.
▸ Vorsicht bei Balanceübungen wegen Rutschgefahr!
▸ Sich über eventuelle Fußprobleme der Kinder informieren.

Schulkinder

Körpermalen:

- Eine Partnerin auswählen, eine malt der anderen mit den Händen ein Bild auf den Rücken (Anregungen geben: dicke Punkte, Linien, Flächen).
- Die Bemalte kann das Rückenbild gleichzeitig oder anschließend auf Papier übertragen.

- Den Körperumriss auf den Boden oder auf eine Matte mit Seilen legen, mit Kreide malen, mit Tennis-, Plüsch- oder Igelbällen umrollen. Vorsichtig aus dem Umriss heraussteigen.
- Die Figur nach dem Heraussteigen mit verschiedenen Materialien ausfüllen, Körperteile benennen.

- Wärme- und Kältezonen unterscheiden.
- Welches Material, welche Farbe, welche Form nehme ich für einzelne Körperstellen? Wer passt noch in meinen Umriss?

„Geschickte Füße":
- Balancieren auf verschiedenen Unterlagen, auf einem dickem Tau, auf dünnen Seilen, auf Holzklötzen. Welche Unterlage mögen die Füße?
- Fußpfad: Gemeinsam einen langen Weg mit den unterschiedlichsten Materialien legen; einzeln gehen, dann zu zweit, mit offenen und geschlossenen Augen (Hilfestellung!).
- Verschiedene Spielformen erfinden, Stationen einrichten.
- Den Weg hörbar machen.

Methodische Hinweise

▶ Der Rücken bietet eine große Malfläche, er ist nicht zu empfindlich, klare Formen können deutlich wahrgenommen werden. Größenverhältnisse verzerren sich jedoch manchmal.

Köperumrisslinien ermöglichen ein differenziertes Bild des eigenen Körpers, man kann über die eigene Größe staunen. Das Ausfüllen der Umrisse kann der Erzieherin oft Aufschluss über die momentane Befindlichkeit des Kindes geben. Doch Vorsicht vor Interpretationen und unangebrachtem Psychologisieren!

Das „Bild" vom eigenen Körper verdeutlicht die Befindlichkeit

▶ Kinder lieben Geschicklichkeitsübungen mit den Füßen, viele Spiele beweisen das: Balancieren, Gummitwist, Skateboard, Inlineskates ...

▶ Auch Füße können lernen, noch empfindsamer, sensibler zu werden.

▶ Fußtastpfade sind eine gute Übung und können ganz unterschiedliche Dimensionen annehmen, von einer „sparsamen" Variante im Raum bis zum ausgeprägten Wanderpfad im Freien. Es soll darauf geachtet werden, dass bei den Aufgaben keine „bösen Überraschungen" auftauchen (sehr kaltes Wasser u. ä.), besonders dann, wenn sich die Kinder mit geschlossenen Augen bewegen.

▶ Für Wasch- und Aufwärmmöglichkeiten sorgen.

Jugendliche

Körperwahrnehmungs-, Entspannungs- und Massageübungen entsprechen den Spielformen für Erwachsene.

- Spiel mit dem Rhythmus in Kombination mit Instrumenten.

- Anregung zum Tanzen mit bloßen Füßen, vor allem bei entsprechend ausgewählter Musik (z.B. Trommelrhythmen, Afrodance).

▶ Jugendliche haben häufig ein zwiespältiges Verhältnis zu ihrem Körper, sie finden sich entweder hässlich, dick, unattraktiv (und) oder stark und unwiderstehlich. Diesem schwierigen Zustand muss bei Körperübungen Rechnung getragen werden. Nicht über- oder unterfordern, nicht werten, keine Anspielungen auf körperliche Besonderheiten machen. Körperübungen nur dann mit einbeziehen, wenn die Bereitschaft dazu vorhanden ist.

▶ Der Wunsch nach Individualität einerseits und nach intensivem Gruppengefühl andererseits bildet oft einen scharfen Kontrast.
Körpererfahrungsübungen sind kein Medium für geschlechtsgemischte Großgruppenveranstaltungen. Die Geschlechterrolle und die damit verbundenen Bedürfnisse, Vorlieben, Abneigungen und Grenzen müssen unbedingt berücksichtigt werden.

Methodische Hinweise

Heilpädagogik

Beispiel geistig Behinderte:

- Ein Sandsäckchen (vorgewärmt) wird auf verschiedene Körperteile gelegt, die Körperteile können benannt werden.
- Das Säckchen kann mit leichtem Druck bewegt werden.
- Ein Ball wird über einzelne Körperteile, entlang des Körperumrisses,

über den ganzen Körper gerollt. Dabei kann gesungen oder gesummt werden. Vielleicht gibt es eine Lieblingsmelodie?
- Auf einen Berührungsreiz von Seiten der Erzieherin (massieren, leicht klopfen) kann eine Bewegungsreaktion des Kindes erfolgen.

Methodische Hinweise

▶ Bei Behinderten bedeutet Körperarbeit vor allem, in Kontakt mit sich selbst zu kommen, die eigenen eingeschränkten Bewegungsmöglichkeiten zu erkunden, zu erweitern und dadurch allmählich Selbstständigkeit zu erfahren, selbstbewusster zu werden, vom passiven Erleben zum aktiven Mitgestalten zu kommen. Über den Körper soll Kontakt zur Umwelt aufgebaut und intensiviert werden.

▶ Die Erwartungen der Erzieher dürfen nicht vorprogrammiert sein.

▶ Es muss immer beachtet werden, dass das Ziel nicht „therapieren" sondern „unterstützen" heißt.

Ich entdecke meine SINNE

Kann man Stille hören, sehen, fühlen?
Die Reizüberflutung, der wir alle, ob jung oder alt, ausgesetzt sind, verhindert oft das differenzierte Aufnehmen und Verarbeiten von Sinneseindrücken.

Sehen

Grundspielformen Erwachsene

Genaues Beobachten:

- Alle bewegen sich durcheinander zur Musik. Auf gute Verteilung im Raum und auf gleiche Abstände achten.
- Auf ein Signal oder bei Musikstop stehen bleiben, die Abstände zueinander überprüfen.
- Während des Bewegens möglichst alle anderen im Blickfeld haben.
- Wenn jemand stehen bleibt, sollen sofort alle anderen stoppen. Jemand beginnt zu gehen, alle bewegen sich wieder.

- Diejenige, die sich als erste weiterbewegt, bestimmt Bewegungsart bzw. Tempo für alle. An welchen Körpersignalen kann man sehen, ob jemand stehen bleiben möchte?

- *Variation Hören:* Die Reaktion zum Stehen und Gehen erfolgt über akustische Signale (Stimme, Stampfen, Klatschen, Instrument …).

- *Variation Fühlen:* Die Reaktion erfolgt z.B. über Berührung: Der Impuls wird deutlich oder versteckt geben.

Muster sehen/Kaleidoskop:
- Alle bewegen sich durcheinander im Raum, auf ein Signal oder bei Musikende bleiben alle stehen. Wie sieht die Verteilung im Raum aus, ergeben sich bestimmte Muster?
- Gleichzeitig mit dem Signal wird eine Form (Dreieck, zwei Kreise, fünf Reihen …) gerufen und von der Gruppe gebildet.
- Sitzen im Kreis. Ein Kaleidoskop wird weitergegeben. Durchschauen, drehen, beschreiben, was zu sehen ist.
- Mehrere Kaleidoskope, wenn möglich für jede Teilnehmerin eines, werden verteilt. Zeit geben zum Betrachten der Muster und zum Austauschen der Eindrücke.
- Erneute Bewegung im Raum. Jede

stellt sich vor, ein buntes Teilchen im Kaleidoskop zu sein. Ein Klang (Rassel, Cabasa, Schellenring …) macht das Durcheinanderwirbeln deutlich. Wenn der Klang endet, bilden die Teile blitzschnell ein Muster.
- *Gespräch:* Welche „Muster" kenne ich an mir (Bewegungs-, Verhaltens-, Kommunikationsmuster)?

Variation Oktoskop:
Wenn man durch ein Oktoskop schaut, teilt sich das Bild in acht (sechzehn) Teile.
- Alle sitzen im Kreis, eine beginnt mit langsamer Bewegung, alle versuchen möglichst gleichzeitig, die Bewegung (wie im Spiegelbild) mitzumachen (auch im Stehen, im Sitzen).

Lebendiges Oktoskop

Kaleidoskope, Oktoskope oder Spektroskope kann man in vielen Ausführungen im Fachhandel kaufen. Sie bieten Anschauungsmaterial für viele Aufgabenstellungen.
▶ Für Erwachsene kann das Betrachten der bunten, abstrakten Formen und die Tatsache, dass man sich dafür Zeit nehmen darf, stressmildernd wirken und zu anderen Formen ästhetischen Tuns (z.B. Mandala zeichnen, legen …) hinführen.
▶ Das begleitende Nachdenken über eigene Grundmuster kann für Einzelne sehr aufschlussreich sein.

Methodische Hinweise

Elementarbereich

Bilder legen:

- Sausen zur Musik. Zum Musikende werden Aufgaben gerufen, z.B. zwei Kinder geben sich die Hände, alle setzen sich hin ….
- Mehrere Kissen werden als Muster aufgelegt (Kreis, Schlange, Blume …), bei Musikende steht jedes Kind auf einem Kissen.

- Aus bunten Glassteinen, Tüchern, Bausteinen kann ein Muster gelegt werden.
- Während ein Instrument klingt, kann das gemeinsame Bild von einem Kind, von zweien gleichzeitig, von allen gleichzeitig oder nacheinander verändert werden.

Methodische Hinweise

▶ Ein gemeinsames Bild zu verändern, kann eine schwierige Aufgabe sein, vor allem dann, wenn die Kinder ihren eigenen Anteil nicht verändert haben wollen. Oft ist das Ergänzen oder Aus-bauen sinnvoller als das Wegnehmen.

▶ Die Kinder haben oft ein gutes Gespür dafür, ob ein Bild „komplett" ist, wann es „stimmt". Nicht unter allen Umständen Veränderungen anregen.

Schulkinder

- Durch die verschiedenen Geräte durchschauen. Kaleidosope, Oktoskope und Spektroskope austeilen, evtl. bei geschlossenen Augen, und das Material zunächst befühlen lassen. Was ist der Unterschied? Welches gefällt mir am besten? Warum?

- Die beobachteten Muster mit verschiedenen Materialien legen oder auf große Papierbögen malen.
- Die Bewegungsaufgaben entsprechen den Grundspielformen für Erwachsene und Kinder im Elementarbereich.

Jugendliche

- Eine bequeme Haltung einnehmen. Das Betrachten der Muster im Kaleidoskop zum Entspannen nutzen.

- Gespräch zum Thema „Muster": Vergleiche ziehen. Unterschiede zwischen Kaleidoskop und Computeranimation thematisieren. Welche Assoziationen entstehen? Wo findet man Muster (auch im übertragenen Sinn)?

- Mandala: Ein Mandala ist ein gestal-tetes Muster (Kreis), das auf die Mitte bezogen ist. Mandalas kann man als Weiterführung zeichnen, malen, legen, mit buntem Sand gestalten.

▶ Muster entstehen aus vielen Einzelteilen. Dieses Grundprinzip kann auch auf andere Situationen übertragen werden: Ein Muster aus Klängen ergibt ein Klangbild, eines aus Materialien ein Tastbild, ein Muster aus Gewohnheiten und Eigentümlichkeiten ein Verhaltensbild …

Methodische Hinweise

Heilpädagogik

Spielformen und Hinweise kann man unter Berücksichtigung der spezifischen Voraussetzungen, der Zielgruppe und der Situation aus den anderen Bereichen übernehmen.

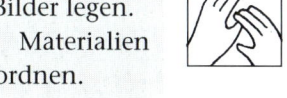

- Materialien sortieren, Bilder legen.
- Den verschiedenen Materialien Klänge oder Farben zuordnen.

Weitere Impulse zum bewussten Sehen finden sich im Kapitel *Wenn Ohren sehen und Füße hören …*, Seite 24.

Grundspielformen für alle Bereiche

Hören

„Moment-Hörspiel":

- Jede sucht sich eine bequeme Stellung (liegen, sitzen, aneinander lehnen).
- Zunächst einmal geschieht gar nichts. Es werden keine Geräusche erzeugt, keine Klänge oder Musik gespielt.
- Jede hört nur auf die Geräusche, die vorhanden sind: Atmen, ein Magen knurrt, jemand hustet, man kann Schritte, einen Vogel, ein Flugzeug hören. Je nach Situation, Gruppe, Stimmung wird es ein kurzes oder langes, ein interessantes, spannendes oder beruhigendes Hörerlebnis.

- Anschließend kann man einander mitteilen, was man gehört hat, es beschreiben, nachfragen und vielleicht eine Geschichte daraus machen.

Geräusche hören, identifizieren, differenzieren:

- Einzelne Klänge suchen und nachahmen, verstärken, verfremden.
- *Variationen:* Themen, wie Raumklänge, Stimmen, Zoo, Bahnhof …. Es können sich Klanggeschichten entwickeln, man kann sie aufnehmen und wieder abspielen oder auch Ratespiele erfinden. Wer hört den sich drehenden Reifen? Wem gehört diese Stimme?
- Differenzierte Unterscheidungen z.B. von Alltags-, Natur-, oder künstlichen Geräuschen, von Gegensätzen wie leise, scharf, sanft ….
- Richtungshören: Woher kommt ein Klang?

Weitere Impulse zum bewussten Hören finden sich im Kapitel *Wenn Ohren sehen und Füße hören …*, Seite 24.

Methodische Hinweise ▶ Horchen, Hören, Lauschen, Zuhören sind Tätigkeiten, die sowohl Kindern, als auch Erwachsenen selbstverständlich und einfach erscheinen, es aber nicht sind. Gehörbildung beginnt nicht mit dem Unterscheiden von Dur und Moll oder von Intervallen und Notenwerten, sie fängt beim Zuhorchen können, beim genauen Hinhören an.

Tasten Fühlen Spüren Berühren, Tasten, Spüren, Greifen und Fühlen ermöglicht, einen intensiven Zugang zu den Dingen, zur Umwelt und zum eigenen Körper zu bekommen. Im Umgang mit Materialien ist es immer von Bedeutung, sich diese über möglichst viele Sinne bekannt machen. Über die folgenden Grundspielformen hinaus finden sich weitere Anregungen und Impulse zum Fühlen, Tasten und Spüren im Kapitel *Wenn Ohren sehen und Füße hören …* (siehe Seite 24ff).

Grundspielformen für viele Bereiche

Berühren:
- Durcheinander bewegen im Raum.
- Zunächst großen Abstand zu den anderen halten.
- Die Abstände immer mehr verringern, manchmal jemandem im Vorbeigehen streifen.
- Die Augen schliessen, sich blind im Raum bewegen. Arme und Hände können wie „Fühler" benützt werden, die Füße ertasten den Weg. Unebenheiten, Hindernisse wahrnehmen.

- Auf ein Signal zum Stehenbleiben, vorsichtig und möglichst ohne Lautäußerung eine Partnerin bzw. deren Hand suchen. Die Hand berühren, betasten, Merkmale feststellen, die Partnerin erraten, dann erst die Augen öffnen; Erfahrungsaustausch.
- *Variation*: Eine „Blinde" betastet mehrere Hände und errät einzelne Mitspielerinnen.

▶ Aufgabenstellungen, die Berührungen einschließen, müssen von den Teilnehmerinnen individuell gestaltet werden können. Die persönlich benötigte Distanz sollte gewährleistet sein (ausweichen dürfen).
▶ Das Händeratespiel nicht in Anfangssituationen und nur auf freiwilliger Basis einsetzen. Intensives Berühren kann angenehm, aber auch sehr unangenehm sein.

▶ Beim blinden Bewegen sollte sich der Körper auf Zusammenstöße einstellen, sich dafür weich und elastisch machen.
▶ Bei Erwachsenen und Jugendlichen ergeben sich ausgehend von den Aufgabenstellungen interessante Gesprächsthemen, z.B. über „Berufsberührer" (Friseure, Ärzte, Masseure …).

Methodische Hinweise

„Materialkorb":

- In einem großen Korb, einer Schachtel, einem Sack werden viele verschiedene Materialien gesammelt (auch mehrere von einer Sorte). Der Phantasie sind keine Grenzen gesetzt.
- Einzelne, mehrere oder alle Teilnehmerinnen greifen in den abgedeckten Korb, fühlen, spüren, tasten und

wählen ein oder mehrere Dinge aus. Wenn nur eine Person hineingreift, kann sie die Dinge besser fühlen, wenn alle gleichzeitig wühlen, kann man noch viele andere Hände spüren.

„Tastwege":

- In Greifhöhe sind entlang der Wände oder quer durch den Raum Fäden gespannt, an denen man sich mit geschlossenen oder offenen Augen entlangtasten kann. Stationen mit besonderen Merkmalen (z.B. ein Spinnennetz aus Wolle, eine klingende Ecke …) können spannende Rastplätze sein.
- Parallel zum Tastweg für die Hände könnte ein Tastweg für die Füße laufen.
- Im Freien ist die Tastaktion wohlmöglich noch viel interessanter.

Methodische Hinweise ▶ Die Dinge im Tastkorb können gemeinsam gesammelt oder als Überraschung versteckt werden. Die Materialien müssen angenehm und interessant zum Befühlen sein. Auf keinen Fall dürfen sie ekelig, verderblich oder gefährlich sein. Tipp für die Erzieherin: die Dinge zuerst selbst ausgiebig „begreifen".

▶ Das Tastmaterial kann ideengebend für verschiedenste kreative Spielformen sein.

▶ Mit Kindern im Elementarbereich kann man Tastschachteln gestalten, sie bemalen oder bekleben. Die Kinder können in den eigenen Tastschachteln ihre Lieblingsspürsachen aufbewahren.

Das Spiel mit dem Gleichgewicht gibt Aufschluss, ob Spannung und Entspannung des Körpers in einem guten Verhältnis stehen und ob sich Körper und Seele in einem ausgewogenen Zustand, in der Balance befinden.

Gleichgewicht/Balance

Grundspielformen Erwachsene

Im Gleichgewicht bleiben:

- Bewegung im Raum zur Musik, große Holzklötze liegen in der Mitte. Während des Bewegens holt sich jeweils eine Teilnehmerin einen Holzklotz, ohne die Bewegung zu unterbrechen und das Tempo zu verlieren.
- Bei Musikstopp schnell den Klotz hinlegen und draufsteigen.
- Klötze im Raum verteilen, bei schnellem Tempo plötzlich auf einem Klotz stoppen.
- Verschiedene Stellungen ausprobieren (sitzen, knien …), auch die Lösungen anderer testen.
- Vom eigenen Klotz aus Körperkontakt zu jemandem in der Nähe aufnehmen (mit der Hand, dem Finger, dem Fuß …). Es ist schwierig, das Gleichgewicht zu halten und nicht abzusteigen.
- Stehen im Kreis. Einen guten Stand ausprobieren: Beine etwa in Schulterbreite, Knie nicht durchstrecken, Vorstellung, im Becken zu sitzen, Oberkörper aufrichten. Von einer Seite zur anderen pendeln, dabei immer länger auf nur einem Fuß stehen bleiben, dasselbe auch mit geschlossenen Augen versuchen.

Partnerübung:

- Eine Person ist Baumeister, die andere ist „Material". Fundament sind z.B. ein, zwei oder mehrere Holzklötze. Der Baumeister formt mit seinem „Material" eine Skulptur. Diejenige, die geformt wird, bleibt passiv. Bei dieser Aufgabe soll nicht gesprochen werden. Wieviel Standfläche ist nötig, wie wenig möglich? Wie lange kann die Skulptur das Gleichgewicht halten? Woran kann man erkennen, dass es zu schwierig wird?

Der „Baumeister" formt das „Material".

- Damit alle Zeit zum Schauen haben, kann sich die Anleiterin als formbares Material zur Verfügung stellen, die Teilnehmerinnen verändern einzeln die Haltung der Anleiterin. Noch schwieriger wird es, wenn diese die Augen während des Formens schließt.
- *Gesprächsimpuls:* „Ich bin im Gleichgewicht".

Gleichgewichtsübungen mit einem Partner

Methodische Hinweise

▶ Man ist nicht jeden Tag in der gleichen Verfassung, im Gleichgewicht.

▶ Bei Partner- und Gruppenaufgaben darauf achten, dass nur das Nötigste gesprochen wird. Es soll sehr genau beobachtet und nicht erklärt oder angewiesen werden.

▶ Wichtig ist behutsames, langsames Formen und das Achten auf gute Befindlichkeit der passiven Partnerin.

▶ Nicht zu lange mit dem Gleichgewicht spielen, für Entspannungsphasen sorgen (ausschütteln, abklopfen).

▶ Anstelle von Holzklötzen empfehlen sich auch Korkklötze; sie sind wärmer, angenehmer und rutschfester.

Elementarbereich

Die Balance halten:

- Die Kinder bewegen sich zur Musik (laufen, hüpfen, stampfen …). Bei Musikstopp sollen sie ganz schnell stehen bleiben.
- Verschiedene Fortbewegungsmöglichkeiten werden ausprobiert: wie ein Storch, wie eine Tänzerin, wie ein Clown. Kunststücke erfinden lassen.
- Teppichplatten, kleine Kissen oder ähnliche (rutschfeste) Materialien liegen als Inseln am Boden. Beim Laufen werden sie umrundet oder übersprungen. Bei Stopp steht jedes Kind auf einer Insel.
- Mit zwei Seilen wird eine Balancierstraße gelegt und von einem Kind oder von mehreren begangen; die Straße wird immer enger.
- Wenn die Erzieherin in den Vierfüßlerstand geht, kann man auf ihrem Rücken gut reiten. Wünsche ich mir ein zahmes Pferdchen oder ein wildes Pferd? Kann ich vielleicht sogar stehen statt sitzen?

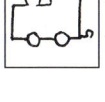

▶ Bewegungs- und Geschicklichkeitsphasen wechseln mit Ruhephasen ab.
▶ Die letzte Aufgabe ist für die Erwachsenen meist schweißtreibend, für die Kinder spannend und ermöglicht außer der Übung des Geichgewichts auch Körperkontakt. Die Erwachsenen müssen ihre Kraft gut einteilen. Es ist besser, wenn ein zweiter Erwachsener hier Hilfestellung geben kann.

Methodische Hinweise

Schulkinder

Balancieren auf Gegenständen:

- Jedes Kind versucht, das Gleichgewicht auf verschiedenen Geräten und Gegenständen (Seile, Schnüre, Pedalos …) zu halten. Im Freien bieten sich natürlich Baumstämme, Gehsteige oder Begrenzungen zum Balancieren an.
- Das dicke Tau schlängelt sich durch das Gras und reizt ebenfalls zum Balancieren.

„Der Flieger":

- Aus der Körperbildung kommt die folgende Partner-, Gleichgewichts- und Widerstandsübung. Die Erwachsene liegt auf dem Rücken, die Beine in die Höhe gestreckt. Die Fußsohlen zeigen zur Decke. Die Erzieherin winkelt nun die Beine an.

Das Kind legt sich möglichst bequem mit dem Unterbauch auf die Fußsohlen, die Hände der Erzieherin geben Hilfestellung, wenn sie anschließend ihre Beine wieder durchstreckt. Wenn das Kind sich sicher fühlt, können die helfenden Hände loslassen. Das Kind breitet dann wie beim Fliegen die Arme zur Seite, hebt den Kopf und schwebt.

Methodische Hinweise ▶ Schulkinder wollen ihre Geschicklichkeit zeigen und für gestellte Aufgaben eigene Lösungen finden. Auch einfache Vorschläge können reizvoll und für die anderen nachahmenswert sein. Oft entstehen dabei sehr lustige Gestaltungen.

Jugendliche

Die Aufgabenstellungen entsprechen je nach Situation, Lust und Laune denen für Erwachsene oder für Schulkinder. Sie können zum Nachdenken über Redensweisen, z.B. *„den Stand verlieren", „aus dem Gleichgewicht kommen", „umfallen"* usw., zu Gesprächen und Diskussionen anregen.

Methodische Hinweise ▶ Das Spiel mit dem Gleichgewicht ist Grundlage für viele Sportarten. Diese Tatsache kann für die Jugendlichen Anreiz sein, sich mit ihrem Gleichgewicht intensiver zu befassen. Darauf achten, dass genügend Ruhephasen eingelegt werden. Eine mögliche Motivation zur Weiterführung könnten akrobatische Übungen, wie Einrad fahren, Seil gehen oder Pyramidenbau sein.

Heilpädagogik

„Aus dem Gleichgewicht sein" betrifft Körper und Seele. Wenn das Wechselspiel zwischen den Polaritäten nicht funktioniert, wenn Störungen eintreten, ist der Mensch nicht ausbalanciert. Bei verhaltensauffälligen Kindern war oft zu beobachten, dass z.B. extrem sportliche Buben nicht in der Lage waren, auch nur 30 Sekunden auf einem Bein zu stehen, und bei solchen Aufgaben schnell abblockten. Geräte, vor allem Pedalos, Balancierrollen oder Therapiekreisel geben entsprechende Anreize, sind interessant und verschaffen Erfolgserlebnisse.

Ich entdecke meine STIMME

Unsere Stimme ist das vertrauteste und üblichste Kommunikationsmittel. Das Experimentieren mit den stimmlichen Möglichkeiten dagegen ist ungewohnt, zum Teil auch von schlechten Erfahrungen beeinflusst.

Grundspielformen Erwachsene

Den Klang der eigenen Stimme entdecken:

- Einen angenehmen Platz im Raum suchen, sich auf die Matte legen (auf den Rücken), bewusst den Atem spüren.
- Durch die Nase einatmen, durch den Mund ausatmen.
- Beim Ausatmen den Atem hörbar machen.
- Dazu Vokale verwenden, ausprobieren, welche am angenehmsten sind.
- Wie ähnlich oder verschieden sind die Klänge? Wie laut, wie leise? Pausen einlegen.
- Zum Sitzen, später zum Stehen kommen, den Vokal „mitnehmen". Wie verändert sich der Klang in der Bewegung?
- Im Stehen einen Kreis bilden, Vokale in den Kreis hineinrufen (sprechen, singen). Der enge Kreis dehnt sich zum weitem Kreis aus. Welche Veränderung im Klangvolumen ist hörbar?

Spiel mit Ja und Nein:

- Durcheinander gehen, jede in ihrem eigenen Tempo. Wege werden bewusst gewählt.
- Auf Ziele (Raumecke, Stuhl ...) zusteuern und die Worte *Ja* oder *Nein* zum „Begrüßen" dieses Zieles verwenden.
- Verschiedene Möglichkeiten des Stimmeinsatzes ausprobieren: laut, leise, gedehnt, kurz, freundlich ...
- Dasselbe während des Bewegens in Beziehung zu den anderen Teilnehmerinnen versuchen.
- *Gesprächsaustausch:* Die Worte *Ja* und *Nein* sind gefühlsbetont. Sie drücken Zustimmung und Ablehnung aus. Welche Stimmung entsteht, wenn man mit Nein angesprochen wird? Welche Möglichkeiten des Stimmeinsatzes werden deutlich, welche erscheinen passend, welche unpassend (z.B. ein sehr unfreundliches Ja)? Welche Wirkung hat die Körpersprache da-

Die eigene
Stimme als
elementares
Spielzeug
entdecken.

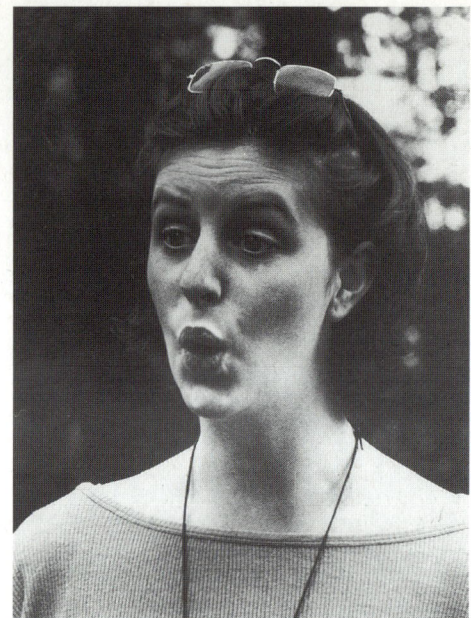

bei? Was ist bestimmender, Stimme oder Körpersprache?

- Man kann versuchen, z.B. als Partnerarbeit, die Gegensätzlichkeit von

Wort und Gefühl (zuwendendes *Nein*, ablehnendes *Ja*) auszudrücken.

Methodische Hinweise

▶ Beim Spiel mit der Stimme sollte nie das Gefühl entstehen, dass beurteilt oder gewertet wird. Ausprobieren ist wesentlich.

Darauf achten, dass Stimme und Atmung nicht zu stark belastet werden.

▶ Ja- und Nein-Aufgaben nur in einer sich vertrauten Gruppe einsetzen, auf sachlicher Ebene reflektieren und nicht als „Psycho-Spiel" benutzen.

Elementarbereich

Die Stimme bewegt sich mit

- Bewegungsarten ausprobieren. Wer kann die Stimme mithüpfen, mitspringen lassen? Können wir beim Laufen mitsingen, mitsummen?

Geräusche nachahmen/Stimmbilder:

- Ausprobieren, wie unterschiedlich die Kinder klingen, wenn sie lachen, husten, singen, gähnen.
- Verschiedene Tierstimmen oder die Töne und Geräusche aus dem Alltag nachahmen.
- Einzelne Themen herausnehmen und weiterführen (z.B. Tiere, Urwald, Märchen, Zaubersprüche).

Ein Zauberspruch

Fi-Fa-Firlefanz,
Kri- und Kra- und Kreiseltanz,
Luftballon und Igelball,
Bunte Murmel – Tütenknall.
BOING

Fi-Fa-Firlefanz,
Kri- und Kra- und Mäuseschwanz,
Mumsel, Brumsel, Schneckenhaus,
Schuhi-Schuha mit Sturmgebraus.
HUI

▶ Kinder experimentieren im Gegensatz zu Erwachsenen gern mit der Stimme. In viele freie Spiele fließen Lautäußerungen ein.

▶ Spiele mit der Stimme können eine gute Vorarbeit zum Liederwerb sein.

Methodische Hinweise

Schulkinder

Weiterführende Impulse:

- Alltägliche Stimmäußerungen sammeln und nachmachen (gähnen, schnarchen, lachen, stöhnen …)
- Kleine Gruppen finden sich zum „Schnarchkonzert" oder zum „Lachorchester" zusammen. Kombinationen und Variationen ausprobieren.

- Im Freien: Wir bewegen uns barfuß wie die Urzeitmenschen. Wir stampfen, schleichen, rennen und versuchen, Verständigungsmöglichkeiten nicht mit Worten, sondern durch Laute und Töne zu finden. Wir erfinden eine eigene Sprache.

Kule Kilimani

Volkslied (Schlaflied aus Karema/Afrika)

Afrikanisches Schlaflied

Ku - le ki - li - ma - ni ku - le myem-be - ni nd

ko a - kaa - ba - ba. Ku - le ki - li - ma - ni ku -

le myem-be - ni nd ko a - kaa - ba - ba.

Freie (mündlich überlieferte) Übersetzung:
Du brauchst nicht traurig sein, dein Vater ist ein tapferer Krieger.

Quelle: Diözesanführung der katholischen Mädchenjungschar Linz, Österreich 1955

Erarbeitung des Textes über Silbenzerlegung

- Erarbeitung über Silbenzerlegung: Alle sitzen in einem engen Kreis. Die einzelnen Silben des Liedes werden auf verschiedenste Art vor- bzw. nachgesprochen (laut, leise, lachend, wütend). Die Silben müssen nicht der Reihe nach kommen, schwierige werden öfter eingebracht und sehr deutlich gesprochen. Nicht das Einprägen, sondern das Spiel mit dem Stimmausdruck steht im Vordergrund. Die Silben bzw. der Text prägen sich erfahrungsgemäß fast von selbst ein.
- Nach dem Text wird die Liedmelodie phrasenweise dazugenommen.
- Am Schluss kann im engen Kreis zur Melodie mitgeschwungen werden. Vielleicht möchten sich zwei Kinder Rücken an Rücken lehnen und so mitschwingen.
- Der Text wird übersetzt und erklärt.
- Gespräch über Musik bei anderen Völkern.

▶ Die Erweiterung des stimmlichen Ausdrucks kann Grundlage für viele Gestaltungsansätze sein. Es ist hier nicht das genaue Nachahmen von Lauten und Tönen ausschlaggebend, sondern das kreative Spielen mit Stimme, Klängen und Lauten.

▶ Das afrikanische Schlaflied ist ein Beispiel dafür, welche Motive Schlaflieder in aller Welt beinhalten (z.B. Informationen über kulturelles Erbe, Alltägliches, Schutz und Sicherheit).

▶ Bekannte und vertraute Lieder können mit exotischen verglichen werden. Über Musik kann Verständnis für Fremdes geweckt werden (multikultureller Ansatz).

Methodische Hinweise

Jugendliche

Stimme und Musik:
- Vertraute und akzeptierte Musikformen (z.B. Rap) können Ansatzpunkte sein, die in entsprechenden Situationen (z.B. Gruppenstunde) zum Experimentieren mit der Stimme auffordern.
- Einzelne interessante Worte oder Sätze können zum kreativen Umgang mit der Stimme herausfordern (z.B. eigene Werbespots erfinden).

Heilpädagogik

Beispiel geistig Behinderte:
- Die singende (summende) Stimme des Erwachsenen kann viele Bewegungen und Körperübungen begleitend unterstützen.
- Je nach Nähe oder Distanz werden Schwingungen mitempfunden (z.B. beim Sitzen auf dem Schoß, aneinander gelehnt).
- Bekannte Melodien werden nach einiger Zeit wiedererkannt.

▶ Stimmäußerungen bei geistig Behinderten sind oft von Stereotypien bestimmt. Diesen entgegenzuwirken und die Möglichkeiten der Stimme zu erweitern, ist eines der Ziele. Die Bearbeitung solcher Probleme setzt jedoch Können, Wissen und Erfahrung voraus und ist in seiner Intensität oft der Musiktherapie zuzuordnen.

Methodische Hinweise

Ich entdecke DICH

„Dein Gedanke zersplittert in Worte auf deinen Lippen. Vorsichtig nehme ich die Splitter, füg sie zusammen und bau mir einen neuen Gedanken, der meiner ist." (*Thuridur Gudmundsdottir. Aus dem Isländischen von Wolf Kühnelt*)

Grundspielformen Erwachsene

„Führen und Folgen":

- Freies Bewegen im Raum, den eigenen Gehrhythmus finden, wahrnehmen und deutlich machen.
- Erst wenn der eigene Rhythmus gefunden ist, allmählich anfangen, die anderen Personen wahrzunehmen.
- Sich kurz jemandem anschließen, nebeneinander gehen, das andere Tempo übernehmen. Jede der beiden kann das gemeinsame Gehen beenden und sich wieder alleine weiterbewegen.

Unterschiedliche Bewegungstempi

- Bewegen nach vorgegebenem Tempo (Instrument, Stimme, Körperinstrument), beim Ende der Musik eine Partnerin suchen.
- Auf ein Signal durch Blickkontakt eine Partnerin suchen.
- Man kann nebeneinander gehen, mit engem oder weiten Abstand, hintereinander, sich dabei anfassen oder auch nicht.
- Absprachen treffen, wer die Führung übernimmt.

- Keine Absprachen, sondern „fliegender" Wechsel der Führung.
- Eine Teilnehmerin leitet die andere durch den Raum und benützt dazu Gestik, Mimik, Stimme oder Klänge.
- Diese Aufgabenstellungen eignen sich auch für das Spielen im Freien.

Weitere Varianten:
- Führen einer „blinden" Partnerin durch Anfassen an Händen, Schulter oder um die Mitte, mit der Stimme bzw. mit Klängen. Die Augen werden dabei nicht verbunden.
- Führen und Folgen unter Einbeziehung von Geräten wie z.B. Seile, Reifen, Stäbe.
- Austausch über Erfahrungen und Befindlichkeit:
  Fragestellungen könnten sein: Welche Art, geführt zu werden, war dir angenehm/unangenehm? Wie sicher fühltest du dich beim Führen/Folgen? Woran konntest du den Wechsel der Führung erkennen? Welche Gefühle entstanden beim „blind sein"?

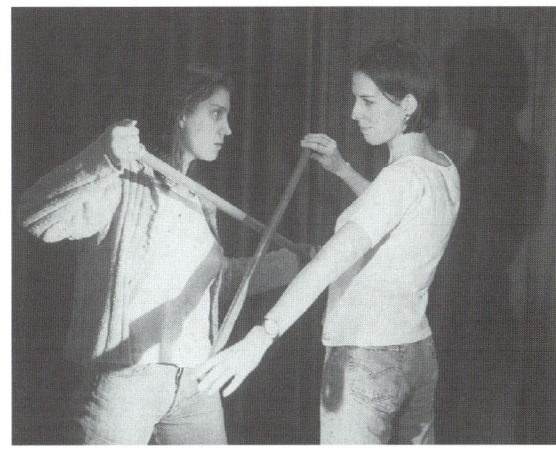

Schneckenhaus:

- Je zwei Partnerinnen finden sich zusammen. Eine ist die „Schnecke", die andere hat die Aufgabe, diese aus dem Schneckenhaus herauszuholen.
- Das Schneckenhaus kann unterschiedlich aussehen, z.B. einfach nur die Augen schließen, sich zusammenrollen, sich mit den verschiedensten Materialien zudecken, in die Raumecke zurückziehen.

- Die Möglichkeiten des Herausholens sind eben so vielfältig: Man kann mit der Stimme locken, mit Instrumentenklang aufwecken, berühren, massieren, schütteln, klopfen, abdecken, auswickeln, singen.
- Vorher abklären, ob die Sprache mit eingesetzt wird.
- Die Zeit nicht eingrenzen, die Schnecke kann sich langsam zurückziehen oder hervorkommen.

„Führen und Folgen" ohne die Sprache als Kommunikatinsmittel

▶ Erwachsene erfinden und erproben bei diesen Spielen die vielfältigsten Methoden, von sehr freundlichem und sozialem bis zu unfairem und aggressivem Verhalten. Daher ist es bei dieser Spielform sehr wichtig, dass eine gute Vertrauensbasis besteht und die Befindlichkeit der Partnerin immer beobachtet wird.

▶ Aufgaben aus dem Bereich „Führen und Folgen" sind beliebt und in vielen sozialpädagogischen Praxisbüchern zu

Methodische Hinweise

"Blindes" Folgen setzt Vertrauensbasis voraus.

finden, oft ist dabei das Führen einer "Blinden" der Ausgangspunkt. Diese Aufgabe ist nicht für Einstiegssituationen geeignet. Voraussetzung ist das Vertrauen in die Partnerin, dazu ist mindestens Bekanntheit nötig.

▶ Erfahrungsgemäß sind es so einfach wirkende Aufgaben wie die des Nebeneinandergehens, die Schwierigkeiten bereiten, vor allem dann, wenn die Sprache als Kommunikationsmittel ausfällt.

Elementarbereich

Wer führt, wer folgt?

- Zwei Kinder tragen gemeinsam zur Musik einen Luftballon, ein Tuch, ein Band …
- Wie können wir diese Gegenstände anfassen, welche Formen des gemeinsamen Tragens können wir ausprobieren?
- Raumwege, Raumebenen und Partnertausch mit einbeziehen.

- Eine Tiermutter kann sich mit ihrem Kind den Weg durch den Wald (z.B. Holzklötze), die Wüste (z.B. Tücher), das Wasser (z.B. Folie), die Stadt (z.B. Reifen) oder über eine Wiese (z.B. Teppich) suchen. Die beiden können gemütlich gehen, laufen, hüpfen … Die Mutter oder das Kind bestimmen im Wechsel, wohin und wie schnell sie gehen.

Methodische Hinweise

▶ Auch Kinder können an den Aufgaben des Führens und Folgens sowohl Anpassung als auch Durchsetzung erleben. Dieser Aspekt des sich Vertreten-Könnens wird oft zu Gunsten von Rücksichtnahme übersehen. Es ist

wichtig, beide Polaritäten zu erleben. Vor allem für schüchterne, zurückgezogene Kinder (z.B. mit Sprachschwierigkeiten) kann es sehr wichtig sein, sich als bestimmend zu erleben.

Schulkinder

Besucherspiel:

- Jedes Kind sucht sich ein zweites, mit dem es gerne zusammenarbeiten möchte. Beide markieren einen

Platz (Insel, Haus, Garten) im Raum. Die Plätze dürfen auch weit auseinander liegen.
- Ein Kind lenkt nun das andere

durch Gesten von dessen Platz weg zum eigenen (Besucherwechsel).

- Ein Paar probiert aus, ob man eine blinde Besucherin (sie hat die Augen geschlossen) mit der Stimme zum eigenen Platz führen kann. Die anderen sind Hindernisse, dürfen aber durch Klatschen oder ein Signal mit der Stimme helfen, wenn das blinde Kind anzustoßen droht.

Schatten spielen (im Freien):

- Ein Kind ist immer der Schatten des anderen, ganz egal, wohin es sich bewegt, der Schatten folgt immer.
- Beide Schatten machen dasselbe.

▶ Partnerspiele in der größeren Gruppe können auch auf ein aktives Paar reduziert werden, die anderen Kinder müssen aber eine Funktion (z.B. Hindernis, Wächter, Signal) im Spiel erhalten.

▶ Spiele wie Schattenfangen können ihre Weiterführung im Raum finden (verdunkeln, Tuch aufhängen, mit einer Lichtquelle arbeiten). **Methodische Hinweise**

Jugendliche

Spiegelspiele:

- Das eigene Spiegelbild betrachten.
- Jemand anderen spiegeln. Gleiche Ausgansposition einnehmen, mit langsamen, einfachen Bewegungen beginnen.
- Hilfreich ist dabei oft Musik. Bei Musikende die Bewegung stoppen, die Haltung überprüfen.
- Die Bewegungen können immer variantenreicher werden, dürfen aber die Exaktheit nicht verlieren.
- Bei Unstimmigkeit den Schwierigkeitsgrad reduzieren (z.B. nur die Hände spiegeln lassen).

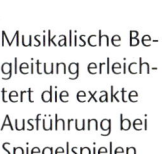

Musikalische Begleitung erleichtert die exakte Ausführung bei Spiegelspielen.

Im Freien Wege finden:
- Eine „Blinde" wird geführt, zwischendurch gibt ihr die „Sehende" bestimmte markante Punkte zum Befühlen und Betasten (drei bis sieben Stationen).
- Mit offenen Augen wird mit Hilfe dieser Dinge der Rückweg gefunden.
- Auch Sonnenstand, Bodenbeschaffenheit, Wind oder Geräusche sind Hilfsmittel zur Orientierung.

Methodische Hinweise

▶ Spiegelspiele leben von der exakten Ausführung, sonst verlieren sie ihren Sinn. Die Erfahrung zeigt, dass die Anforderungen zu Beginn meist zu hoch sind. Es ist wichtig, den Schwierigkeitsgrad gut zu wählen und keine Angst vor dem Reduzieren zu haben.

▶ Blind zu gehen, setzt Bereitschaft und das Vertrauen in die Führende voraus. Ziel der Aufgabe ist nicht das Sich-Verlaufen, sondern das Zurückfinden.

Heilpädagogik

Beispiel Sehbehinderte:
- Die Stimme oder auch Instrumente können die Führung durch einen Raum übernehmen, z.B. Erwachsener – Kind, Kind – Kind, Erwachsener – mehrere Kinder.

Ich entdecke EUCH

„Die Gruppe ist Gegebenheit und Aufgabe." (*Amélie Hoellering*)

Grundspielformen Erwachsene

Im Einklang mit der Gruppe:
- Alle bewegen sich im Raum, jede in ihrem eigenen Tempo. Begegnungen wahrnehmen, aber nicht bewusst herbeiführen. Die Spielregel „Ausweichen oder Anstoßen" kann mit einbezogen werden.
- Allmählich soll ein gemeinsames Tempo gefunden werden.

- Das gemeinsame Tempo wird von einem Instrument übernommen.
- *Reflexion:* Warum habe ich mich (nicht) angepasst? Welche Gefühle entstanden? Wer ist mir besonders aufgefallen?
- Ein langes Tau wird zu einem Kreis geknotet. Alle fassen an und versuchen sich auszubalancieren, das Gewicht gleichmäßig so zu verteilen, dass man sowohl die anderen hält, als auch selbst gehalten wird. Wenn diese Balance erreicht ist, kann man gleichzeitig in die Hocke und zum Sitzen kommen bzw. wieder aufstehen, ohne das Seil loszulassen.

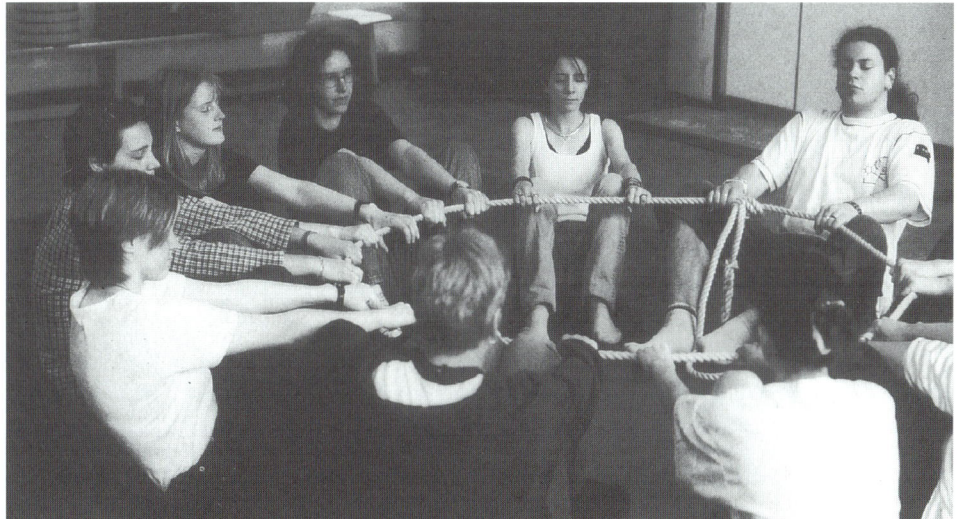

Die gesamte Gruppe befindet sich in der Balance.

▶ Die so einfach scheinende Aufgabe, ein gemeinsames Tempo zu finden, kann für Gruppen sehr kompliziert sein. Das eigene Tempo loszulassen, ein anderes zu übernehmen, sich anzupassen, ist für manche Teilnehmerinnen sehr schwierig. Oft braucht es lange, bis eine Angleichung erreicht wird. Manchmal ist es gar nicht möglich, manchmal erfolgt sie überraschend schnell.

Die Aufgabenstellung birgt viele Variationsmöglichkeiten, oft auch Zündstoff und kann eine gute Gesprächsgrundlage zum Betrachten einer Gruppensituation sein.

Methodische Hinweise

**Begrüßungs-
lied**

Refrain

verbeugen C *Hand schütteln* C

Gu - ten Tag und Grüß Gott und hal -

Schulter klopfen oder patschen

C F C F

lo, hal - lo, hal - lo, hal - lo. Gu - ten Tag und Grüß

C G C

Gott und hal - lo (Grü - ßen kann man so:)

C F

1. ⅞ Gu - ten Tag sagt der Herr zu der
2. ⅞ Grüß Sie/Dich Gott sagt der Mann zu der
3. Hal - lo, hal - lo sagt der/die *(Name)* zu dem/der

C C F C

Da - me. Gu - ten Tag sagt die Da - me zu dem Herrn.
Frau. Grüß Sie/Dich Gott sagt die Frau zu dem Mann.
(Name). Hal - lo, hal - lo der/die *(Name)* zu dem/der *(Name)*.

F C

1.-3. Gu - ten Tag, grü - ßen sie sich al - le bei - de. Gu - ten

G C

Text und
Melodie:
Martina Roth

Tag, und es macht ih - nen Freu - de.

132

Elementarbereich

Spielvorschläge:

Es gibt viele Möglichkeiten, dieses Lied (oder ähnliche) in Bewegung und Tanz umzusetzen.

- Die Kinder stehen einander in zwei Kreisen oder Reihen gegenüber.
- Die Kinder bewegen sich frei im Raum und treffen sich zur Begrüßung.

- Die Kinder bewegen sich paarweise und treffen jeweils ein anderes Paar.
- Einzelne Kinder können nacheinander eine besondere Art der Begrüßung vorschlagen. Sie wird entweder vorher vereinbart oder erfolgt spontan (Reaktion!).
- Die Begrüßung kann evtl. auch in anderen Sprachen erfolgen.

▶ Kindertänze und Kinderspiellieder verdeutlichen die Zusammengehörigkeit der Gruppe. Der Kreis als Grundform macht die Geschlossenheit der Gruppensituation sichtbar. Bei diesen speziellen Tanzformen können sich die Kinder sowohl als Einzelperson als auch als Mitglied einer Gruppe erleben.

Methodische Hinweise

Schulkinder

Gruppenaufgabe mit dem Seil:

- Ausgangspunkt ist eine Partneraufgabe. Zwei Kinder haben ein farbiges Seil an je einem Knoten gefasst und bewegen sich zur Musik im Raum. Das Seil soll straff gespannt sein.
- Die Wege werden komplizierter, man trifft andere Paare, die Seile kreuzen sich mit der Zeit und bilden in der Mitte ein Knoten. Es entsteht ein „Seilstern". Die Anleiterin kann durch entsprechende Hinweise diesen Vorgang beeinflussen.

- Jedes Kind hält ein Seilende. Können sich alle zurücklehnen?
- Alle versuchen sich hinzusetzen und dann wieder aufzustehen, ohne das Seil loszulassen. Man kann gut spüren, ob die anderen Halt geben oder nachlassen.
- Wieder im Stehen: Welches Kind glaubt, dass es sein gestrafftes Seil loslassen kann, der Seilstern aber trotzdem noch zusammenhält?
- Wieviele Kinder können nacheinander loslassen, ohne dass sich der Knoten auflöst?

- *Variation*: Den Knoten durch gemeinsames Oben-drüber- und Unten-durch-Bewegen auflösen. Man muss sehr genau beobachten und die Seile straff halten. (Möglichkeit für Erwachsene: Einige Teilnehmerinnen schließen beim Auflösen die Augen, die anderen achten auf sie.)
- Am Schluss ein gemeinsames Gemälde mit den Seilen legen.

Methodische Hinweise

▶ Den „Seilstern" und auch die Partnerarbeit sollte man erst nach dem Kennenlernen des Materials ins Spiel bringen.

▶ Das Seil als Rhythmikgerät ermöglicht viele Spielformen zur Gruppenerfahrung (z.B. Seilbild, Straßen, Wege, Formen).

Jugendliche

Die Gruppe entdeckt einen gemeinsamen Rhythmus:

- Jede holt sich ein Instrument, das können vorhandene Rhythmusinstrumente sein (Trommeln, Congas, Rasseln …), aber auch Alltagsgegenstände, die einem anderen Zweck dienen, (Kuchenblech, Hölzer, Besteck, Mülleimer).

Spontane Improvisation in der Gruppe

- Gruppenimprovisation ohne besondere Vorgaben:
Ein Instrument beginnt einen Rhythmus oder ein Metrum zu spielen, die anderen steigen ein, Die Führung (Tempo, Dynamik) und auch die Anzahl der Spieler kann wechseln, irgendwann ist Schluss.

- Viele Jugendliche spielen ein Instrument. Diese können natürlich einbezogen werden, müssen aber nicht tonangebend sein.
- Melodieinstrumente bringen einen völlig anderen „Sound" in die Improvisation hinein. Bei mehreren Melodieinstrumenten muss auf Tonart und Stimmung geachtet werden. Die Pentatonik bietet sich zum gemeinsamen Improvisieren an.
- Ein Musikstück, eingespielt von CD oder MC, könnte mit Rhythmusinstrumenten begleitet oder verfremdet werden.

▸ Diese Aufgabenstellung bezieht sich nicht auf Musikgruppen, Bands oder jugendliche Profimusiker, sondern auf die Situation in Jugendgruppen.

▸ Das Einschwingen auf einen gemeinsamen Rhythmus lässt *hörbares* Gruppenerleben, aber auch die individuelle Solistenrolle zu.

Es ist ein Phänomen, dass das Einschwingen fast immer in einem geraden Takt geschieht, hier können vom Erwachsenen Impulse zu rhythmischen Veränderungen (z.B. ungerader Takt) kommen.

Methodische Hinweise

Ich entdecke den KLANG

Grundspielformen Erwachsene

Spielformen zum Austeilen der Instrumente:

- Ein Tamburin (ohne Spannschrauben) wird durch den Kreis gerollt. Ein zweites, drittes, viertes Instrument kommt dazu, bis jede Teilnehmerin eines hat.
- *Variation:* Ein Turm aus Handtrommeln steht in der Mitte des Raumes. Alle bewegen sich zur Musik so vorsichtig, dass der Turm nicht einstürzt. Jeweils nur eine Teilnehmerin holt sich im Vorbegehen ein Tamburin, ohne das Tempo zu verlieren. Die Instrumente werden auf verschiedene Art mitgetragen, wenn jede eines hat, sucht sie sich einen Platz und setzt sich hin.

Das Klangspekrum der Trommel erkunden:

- Trommel mit geschlossenen Augen betasten, Besonderheiten feststellen und beschreiben.
- Verschiedene Klangmöglichkeiten ausprobieren, z.B. mit den Fingern am Trommelfell reiben, kratzen, klopfen, mit der Handfläche darüberstreichen ….
- Die Klangmöglichkeiten des Trommelrandes erproben (z.B. mit Fingernägeln).
- Jeweils eine Teilnehmerin gibt einen Klang vor, die anderen horchen mit geschlossenen Augen und versuchen dann, den gleichen Klang zu erzeugen.

Trommeln, Tamburine

Experimentieren
mit den Klang-
möglichkeiten
der Trommel

„Punkte" und „Striche" spielen:

- Die Trommel mit den Fingern, der Hand oder der Faust anzuspielen (klopfen) erzeugt Punkte. Striche entstehen durch Streichen, Kratzen, Reiben mit Fingernägeln, den Fingerspitzen oder der Hand.
- Partitur aus Punkten und Strichen erstellen, aufzeichnen, auf dem Tamburin spielen.
- *Variationen:*
  Partnerarbeit: Eine malt, eine spielt.
  Partitur in der Kleingruppe spielen.

Ein Dirigent lässt die Partitur von der ganzen Gruppe spielen.
- Trommelgespräch ohne Worte.

Führen und Folgen:

- Jemand schließt die Augen, eine Partnerin schlägt die Trommel an. Die „Blinde" versucht zu hören, woher der Klang kommt. Sie schlägt dorthin, wo sie die Trommel vermutet, um ein Echo zu erzeugen.
  Diese Aufgabe kann auch in der Fortbewegung ausprobiert werden.

Methodische Hinweise — Handtrommeln mit den Händen spielen, nicht mit dem Schlägel. Die Hände haben mehr Spielmöglichkeiten und können viel differenzierter Klänge erzeugen.

Elementarbereich

- Wie viele Hände haben auf einer Trommel (Handtrommel oder Pauke) Platz?
- Eine Trommel wird im Kreis herumgegeben, jedes Kind darf das Trommelfell mit der Handfläche, den Fingern, dem Handrücken, der Wange befühlen. Man muss sich im Warten üben, bis das Instrument ankommt.
- Jetzt kann man Klangmöglichkeiten ausprobieren.

- Je zwei Kinder haben ein Instrument. Ein Kind spielt, das andere bewegt sich dazu.
- Jedes Kind hat eine Trommel und erfindet eine eigene Trommelsprache, Spielregel ist, dass die beiden Nachbarinnen dabei noch zu hören sind.
- Wir spielen „Mäusetrippeln", „Elefantentanz", vielleicht auch „Schlangenschlängeln" und „Katzenschleich" oder etwas ganz anderes.

▶ Die benötigten Instrumente erst dann hervorholen, wenn sie gebraucht werden. Trommeln haben großen Aufforderungscharakter.

▶ Signale (akustisch, visuell) vereinbaren, um zwischendurch Ruhe herstellen zu können.

Methodische Hinweise

Schulkinder

Die Sprache der Trommeln (im Freien):

- Alle verteilen sich so, dass sie sich gerade noch sehen können.
- Ein Kind oder die Erzieherin hat eine Trommel und versteckt sich damit, niemand weiß, wo sich die Trommelspielerin befindet.
- Wer mag, schließt die Augen. Plötzlich beginnt die Trommel zu spielen und jedes Kind versucht, dem Klang näherzukommen.

- Das Instrument kann zwischendurch schweigen, wieder locken, laut oder leise klingen ….
- Jedes Kind hat eine Trommel, eines beginnt zu spielen. Von irgendwoher kommt das Echo. Es soll immer nur ein Instrument zu hören sein.

▶ Klangmöglichkeiten und Materialgrenzen deutlich machen.

▶ Aufeinander hören ist unerlässlich.

Methodische Hinweise

▶ Bei der Planung daran denken, dass Trommeln laute Instrumente sind.
▶ Gemeinsam entwickelte Spielregeln und Spielformen, die das Zusammenspiel steuern, sind wesentlich sinnvoller als ständige Ermahnungen.

Jugendliche

Rhythmusspiele auf großen Fellinstrumenten (Bongos, Congas, Pauke, Trommel):
• Eine beginnt mit einem Metrum oder einem einfachen Rhythmus, andere steigen mit ihren Klängen bzw. Rhythmen ein, übernehmen den Grundrhythmus oder variieren.
• Konversation zwischen mehreren Trommeln.
• Aus einem großen Fass kann (gemeinsam) eine „steeldrum" hergestellt werden.

Methodische Hinweise Es gibt viele Möglichkeiten, Trommeln herzustellen. Fachliteratur, Fortbildungen oder den eigenen Kopf zu Rate ziehen.

Heilpädagogik

Beispiel verhaltensauffällige Kinder:
Das „Spiel mit Laut und Leise":
• Zwei Trommeln spielen, die eine fragt, die andere antwortet. Jeweils mit dem Gegensatz antworten.
• Ein Dirigent wünscht sich nonverbal lautes und leises Spiel. Spielregel: Es spielen nur zwei oder drei Trommeln gemeinsam.

Die rhythmisch-kreative „Reise nach Jerusalem":
Die Reise nach Jerusalem ist ein verbreitetes, allen bekanntes Spiel. Die rhythmisch-kreative Version verzichtet auf das Ausscheiden, sie setzt aktive Gegenakzente, die Langsamen geben vorübergehend den Ton an. So ist die gesamte Gruppe immer im Spiel.

Vorarbeit zum Kennenlernen der Instrumente:
• Jede sucht sich ein Instrument aus und darf so lange damit spielen, wie sie möchte, dann kommt die nächste an die Reihe.
Welche Instrumente sind dem Namen nach bekannt, welche nicht? Welche Klänge wirken auf mich angenehm, welche nicht? Warum?

- Die Instrumente in einer Ecke des Raumes deponieren. Teppichfliesen, Reifen oder Holzklötze werden im Raum verteilt, für jede Teilnehmerin ein Stück, aber insgesamt eines weniger als Mitspielerinnen.
- Die Anleiterin oder eine Teilnehmerin spielt auf einem Instrument nach Wahl, die anderen bewegen sich dazu. Wenn die Musik endet, stellt sich jede auf (in) eine Bodenmarkierung.
- Eine bleibt übrig und scheidet *nicht* aus, sondern wählt ein Instrument aus, übernimmt die Bewegungsbegleitung und bestimmt so Anfang, Ende und Tempo.

- Das Spiel geht weiter, die Bodenmarkierungen werden nach und nach weggenommen. Die Orchestermusiker werden mehr, die Instrumente passen sich dem jeweils aktuellen Klang an, die Bewegten werden immer weniger.
- Die letzte darf zur Belohnung von ihrem Platz aus das gesamte Orchester durch Gesten zum Erklingen bringen.
- Die Dirigenten können wechseln und die Instrumentalistinnen können die Instrumente tauschen.

Spielformen ohne Ausscheiden

▶ Die Spielregel des Ausscheidens ist im Hinblick auf Lernerfahrung meist vollkommen unlogisch. Die Langsamen, Ungeschickten, Unsportlichen scheiden meist sehr früh aus und haben daher selten die Möglichkeit dazuzulernen, zu üben, schneller oder geschickter zu werden.

▶ Musikalisch bietet diese variierte Spielform das leistungs- und stressfreie Ausprobieren von Instrumenten, Spielweisen, Klängen. Alles ist richtig, keine spielt falsch.

▶ Die sich Bewegenden müssen in jeder Spielsequenz auf ein anderes Instrument hören und die verschiedene Klänge differenzieren. Die Bewegungsformen werden durch die unterschiedlichsten Begleitungen vielgestaltig.

Methodische Hinweise

Küchen-instrumente

Die Küche als Klangraum:
Geräte und Materialien aus der Küche bieten vielfältige Klänge und Geräusche. Hier eine kleine Auswahl: Topfpercussion und Pfannensound, Backherdgitter-guiro und Kochlöffelklangstäbe, Löffelkastagnetten und Gläserglockenspiel, Ei-erschneiderratsche und Knoblauchpresseklapper, Reisdosenrassel und Alufolien-geraschel.
Mögliche Spielformen:
- Jede bringt ein Instrument, dieses wird nicht gleich gezeigt, sondern am Klang erraten (Augen schließen, sich umdrehen).
- Ähnliche Klänge sortieren und beschreiben, mit echten Instrumenten vergleichen.
- Küchenmusik-Improvisation.
- Wie bewegt man sich zum Flaschenklang?
- Lied(begleitung) aus der Küche.
- Klingende Geschichten aus der Küche.
- *Variationen:* Badezimmersound, Wohnraumorchester, ein Frühstücksmusical.
- Rezepte-Rap.

Methodische Hinweise

▶ Klangmöglichkeiten gibt es im ganzen Haus zu entdecken.

▶ Spielformen lassen sich nach entsprechender Einführung mit allen Zielgruppen erfinden.

▶ Die Differenzierung nach Zielgruppen betrifft natürlich auch den Einsatz bestimmter Materialien. Es versteht sich von selbst, dass gefährliche Geräte keine Klangkörper sind.

▶ Lieder lassen sich mit Alltagsklängen und „Hausinstrumenten" gut begleiten.

Heulschläuche

Heulschläuche sind gerippte Plastikrohre, ursprünglich biegsame Verkleidungen für elektrische Leitungen. Man kann sie in vielen Farben im Spielefachhandel kaufen oder auf Isolierrohre in schwarz oder weiß zurückgreifen.
- Interessant ist es, die Heulschläuche zuerst bei geschlossenen Augen mit den Händen zu betasten und sich mit der Form vertraut zu machen. Dabei entstehen die ersten Geräusche.

Töne
wandern durch
eine Kette von
Heulschläuchen.

- Die Rippen geben beim Darüberstreifen ein ratschendes Geräusch, ähnlich wie der Klang eines Guiro (siehe *Das ABC der Rhythmik*, Seite 170).
- Man braucht viel Platz, wenn man die Heulschläuche zum Singen bringen will. Sie werden an einem Ende gehalten und dann wie ein Lasso in der Luft geschwungen. Je stärker die Drehung ist, um so höher ist der Ton.
- Ein schwingendes Rohr weitergeben, ohne den Klang zu verlieren.
- Es kann mehrstimmig zusammen gespielt werden. Kombinationen aus Tönen und Ratschgeräuschen können sich ergeben.

Weitere Möglichkeiten:
- Das Rohr als Telefon benützen. Eine spricht oder singt in den Heulschlauch, die andere hält sich ein Ende an das Ohr.
- Die Klänge beschreiben und definieren.
- Eine lange Telefonkette bilden.

Ein mehrstimmiges Heulschlauch-Konzert

Methodische
Hinweise
▶ Der Klangteppich der schwirrenden Töne kann sehr intensiv und aufregend werden. Die Klangwirkung auf die Teilnehmerinnen beachten und Pausen einlegen.

▶ Mit den Schläuchen hoch in die Luft, nicht neben dem Körper spielen (Verletzungsgefahr!).

▶ Heulschläuche können gut im Freien verwendet werden. Wenn nicht so viel Platz vorhanden ist, einzelne verwenden und weitergeben.

Ich entdecke meinen AUSDRUCK

Der menschliche Ausdruck verändert sich bei minimalsten Haltungs-, Spannungs- oder Bewegungsdifferenzierungen. Bewegungsverhalten kann verändert werden, nicht nur durch Training und Übung, sondern auch über die Methode des Experimentierens und Ausprobierens.

Grundspielformen für Erwachsene und Jugendliche

„Marionetten":
- Einen angenehmen Platz im Raum suchen und ihn mit einer Matte kennzeichnen. Sich auf den Rücken legen. Spüren der Auflageflächen, Körperteile und Gelenke.
- Einzelne Körperteile werden benannt, jede Teilnehmerin reagiert mit entsprechender Bewegung dieses Körperteils. Die Bewegungsart ist nicht vorgegeben.
- Sich im Liegen eine Partnerin suchen, durch Blickkontakt, Kontakt mit Händen, Füßen, durch Zuruf.
- Eine von beiden bleibt liegen, die andere berührt verschiedene Körperteile, es soll eine Bewegungsreaktion erfolgen.
- Wechsel und kurze Reflexion.

- Aufstehen, sich im Raum bewegen, das eigene Tempo finden. Die Bewegung soll jetzt von den einzelnen, aufgerufenen Körperteilen gesteuert werden (z.B. vom linken Fuß, Rücken, Kopf, den Händen).
- Gleiches Tempo für alle. Während des Bewegens besonders auf die Gelenke achten. Welche Rolle spielen sie beim Gehen, Laufen, Hüpfen?

- Die Gelenke bewusst einsetzen. Wie verändern sich Körperausdruck und Haltung durch verschiedene Bewegungen der Gelenke?

- Sitzen im Kreis. Eine einfache Marionette wird durchgegeben und dabei genau beobachtet. Welche typischen Bewegungen sind vorhanden, was ist nicht möglich? Welchen Eindruck vermittelt die Marionettenbewegung?

- Es können mehrere Marionetten ins Spiel kommen und zueinander Kontakt aufnehmen.

- Wir versuchen, uns von unsichtbaren Fäden (in der Mitte des Kopfes, am Handrücken, an den Schultern, den Knien) durch den Raum führen zu lassen.

- Wir versuchen, uns von den imaginären Fäden zu befreien (abreißen, durchschneiden, abschütteln).

- Eine Person ist Marionette, die andere Puppenspielerin. Unsichtbare Fäden werden an verschiedenen Körperteilen befestigt. Führen kann sowohl die Puppe, als auch die Spielerin.

- Reale Fäden werden an Handgelenken, Knien usw. befestigt. Mit ih-

- Partneraufgabe: Eine Teilnehmerin bewegt eine Marionette, die andere folgt der Marionette und versucht, die Bewegung der Marionette nachzuahmen (Wechselspiel Puppe – menschliche Marionette). Wo sind Nachahmungsgrenzen?

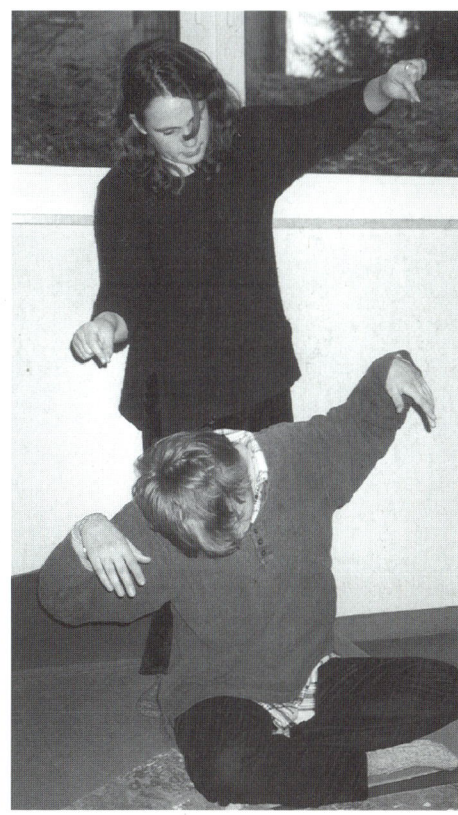

Die „Puppenspielerin" bewegt ihre „Marionette"

nen werden die menschlichen Marionetten bewegt.

- Man kann die verschiedensten Möglichkeiten ausprobieren (aufstehen, Treppen steigen, balancieren …).
- Beobachterinnen wählen Klänge, Geräusche zur Bewegungsbegleitung aus.

- *Gespräch, Reflexion:* Welche Gedanken entstehen bei diesen Aufgaben? Wo belastet (entlastet) das Gefühl, am Faden zu hängen (jemand anderer übernimmt die Verantwortung).

Methodische Hinweise

▶ Die Einschränkung von Bewegungsformen kann am Beispiel der Marionette gut deutlich gemacht werden. Sie hängt an Fäden und muss von außen gesteuert werden.

▶ Beim Thema Marionette sind reflektierende Gespräche wichtig, Erwachsene und Jugendliche haben in Stresssituationen oft den Eindruck, stark von außen gelenkt zu werden. Die reale Spielsituation verstärkt dieses Gefühl und muss im Gespräch verarbeitet werden. Andererseits ist das Lebendigmachen einer leblosen Gestalt sehr reizvoll. Man erlebt eine Führungs- und Machtposition, übernimmt im Spiel die Verantwortung, doch oft funktioniert das, was sich der Kopf ausdenkt, beim Führen nicht so gut, die Marionette versteht nicht, reagiert anders als geplant. Grenzen werden deutlich. Am Ende des Spiels ist man froh, keine gelenkte Puppe zu sein, sondern „sich selbst wieder in der Hand zu haben".

Elementarbereich

Mit Puppen spielen:
Jedes Kind bringt eine Puppe mit.
- Für jedes Kind wird am Boden ein Sitzkissen aufgelegt.
- Musik zum Bewegen, die Puppe darf mitlaufen. Wie kann ich die Puppe tragen? Können Puppenmutter und Kind ein „Kunststück" vorführen?

- Beim Ende der Musik setzt sich jedes Kind auf das eigene Kissen.
- Wer kann hören, wann die Musik zu Ende geht? (Musikphrasen siehe *Das ABC der Rhythmik*, Seite 170)
- Die Puppe bleibt alleine sitzen, das Kind läuft.

- Die Stellung der Puppe wird verändert. Kann ich genauso sitzen (liegen, stehen, lehnen)?
- Sitzkreis auf den Kissen: Ein Kind bringt seine Puppe in die Mitte.
- Alle Kinder versuchen, dieselbe Stellung wie die Puppe einzunehmen.
- Ist die Puppe fröhlich, müde, traurig, aufmerksam …?
- Alle Puppen sehen zu, wie die Kinder in den verschiedenen Stimmungen spielen. Musik von verschiedenen Instrumenten kann anregen und unterstützen.
- Puppenmütter und Kinder bilden einen Kreis und tanzen zur Musik.
- *Variation, Weiterführung*: Die Puppen könnten mit Hilfe der Kinder auch sprechen, singen, sich besuchen.

▶ Das Einbeziehen von vertrauten Spielsachen aus dem Alltagsbereich der Kinder kann für eine rhythmisch-kreative Spieleinheit sehr anregend sein – es dürfen natürlich auch andere Spielobjekte mitgebracht werden (Bälle, Kuscheltiere, Kissen …).

Methodische Hinweise

Schulkinder

„Roboter" und „Schlenkeraffe"
(Die Gegensätze starr – beweglich):

- Klänge regen zum Bewegen an. Kurze, klare Klänge (Holzblocktrommel, Klanghölzer) wechseln mit rasselnden, unruhigen, schwirrenden (Rasseln, Schellen).
- Wir versuchen, die Bewegungen zu übertreiben.
- An welche Dinge oder Situationen erinnern die Klänge und die Bewegungen?
- Wir spielen Roboter. Roboter werden eingeschaltet und setzen sich in Bewegung, jeder auf seine Art.

- Ein Instrument, z.B. ein Guiro, begleitet. Wenn es endet, erstarren die Roboter.
- Ausschütteln von Körperteilen: Verstärken, sich schütteln, als ob man keine Knochen hätte (Schlenkeraffe). Kann man sich so bewegen?
- Regelmäßiger oder unregelmäßiger Wechsel zwischen „Roboter" und „Schlenkeraffe", von der Musik gesteuert oder frei gewählt.
- Die Figuren können einander treffen, ein Gespräch beginnen, etwas bauen, malen, Musik machen. Vielleicht entsteht ein Robot-Rap.

Begegnung der Figuren mündet in Aktion.

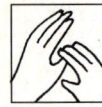

Methodische Hinweise ▶ Da die Bewegung als Roboter eine sehr angespannte Haltung voraussetzt, ist es nötig, einen lockeren Ausgleich zu schaffen. Das Hinbewegen von „starr" zu „locker" kann auch allmählich und gleitend ablaufen.

Heilpädagogik
In vielen heilpädagogischen Bereichen begegnen uns Auffälligkeiten, die mit verminderter Ausdrucksfähigkeit und Stereotypien einhergehen.

Die Förderung einer Ausdrucksdifferenzierung, sowohl von Bewegungen als auch von Gestik, Mimik, Stimme, Sprache, führt zu neuen Erfahrungen, zu neuen Kommunikationsmöglichkeiten.

Es gibt gute Rhythmik-Fachliteratur (siehe *Literatur*, Seite 182), die Anregung und Hilfe bietet.

Ich entdecke meine REAKTION

Grundspielformen Erwachsene

Rollen und Stoppen:
- Wir bewegen uns im Raum. Ein Tennisball wird während des Bewegens auf dem Boden gerollt. Er soll nie ruhig liegen, alle sind dafür zuständig, dass er weiterrollt.
- Auf ein Signal hin den Ball sofort stoppen.
- Mehrere Bälle kommen ins Spiel: Im Wechsel rollen und stoppen.
- Alle haben einen Ball. Der Ball wird beim Durcheinandergehen zur Musik gerollt, er soll nichts und niemanden berühren, vorher abstoppen.

- Man kann dabei auch etwas riskieren, indem man versucht, sehr nahe an Gegenstände oder Personen heranzurollen.

Bodentennis:
- Am Boden im Kreis sitzen.
- Den Ball befühlen, am Platz rollen.
- *Bodentennis:* Ein Ball wird durch den Kreis gerollt. Er darf mit der Handfläche nur so gespielt werden, dass er nicht springt. Er darf nicht geworfen und gefangen oder gehalten werden, sondern soll immer sofort am Boden weitergeschickt werden.

- Wir versuchen, eine Lücke zwischen zwei Spielerinnen zu finden, so dass der Ball den Kreis verlässt (Tor). Die beiden Spielerinnen sollen den Ball stoppen, bevor er hinausrollt.

Variationen:

- Wechsel von rechter und linker Hand.
- Jemand ruft, mit welchem Körperteil der Ball gespielt werden soll.
- Mehrere Bälle gleichzeitig rollen.
- Beim Wegrollen den Namen der Mitspielerin, die den Ball erhalten soll, nennen.
- Ein Lied wird gesungen, der Ball wird nur bei Taktschwerpunkten angestoßen.
- Mit geschlossenen Augen spielen, hören wohin der Ball rollt. Das ist schwierig, aber möglich, vor allem dann, wenn in einer einfacheren Version mit einem Klingelball vorgearbeitet wird.
- Wegräumspiele: Bälle in einen Reifen rollen, in einen Behälter werfen, die Abstände dabei selbst wählen.

Die Veränderung der Spielregeln erfordert schnelles Reagieren.

▶ Schnelles Reagieren beim Rollen und Stoppen wird geübt. Wichtig dabei ist, dass beide Körperhälften zum Einsatz kommen.

▶ Der Tennisball ist sehr hart, diese Eigenschaft soll vorher durch Kennenlernen des Materials deutlich gemacht werden. Der Ball soll im Raum nicht geworfen werden, um Verletzungen zu vermeiden.

▶ Die Steuerung der Kraft beim Rollen ist eine schwierige Aufgabe. Wird der Ball zu kräftig angestoßen, dann springt er, ist zu wenig Schwung vorhanden, erreicht er sein Ziel nicht.

▶ Den Tennisball bei kleineren Kindern oder wenn das Spiel zu wild wird, durch einen ungefährlicheren Schaumstoff-, Plüsch-, oder Moosgummiball ersetzen.

Elementarbereich

Reagieren auf Signale:
- Jedes Kind hat einen weichen Ball. Es hat ihn betastet, befühlt, angeschaut, ihn aus einer Menge von Bällen selbst ausgesucht.
- Wir versuchen, den Ball durch den Raum zu rollen. Ist das ohne Zusammenstöße möglich?
- Die Ballreise wird von Musik begleitet. Wenn die Musik endet, wird sofort gestoppt.
- Signale fordern zum Innehalten auf (akustisch: Klänge, Geräusche, Stimme oder visuell: Gestik, Farben).
- Signale zum Stoppen und Weiterbewegen, zum Fallenlassen und Wieder-Holen des Balles, zum Tauschen mit einem anderen Kind.

▶ Schnelles Reagieren auf Signale ist z.B. in der Verkehrserziehung wichtig.

▶ Reaktionsaufgaben sollten nicht zu lange dauern, nicht über- oder unterfordern, aber exakt ausgeführt werden. Es ist viel Konzentration und Aufmerksamkeit nötig, daher immer wieder Ruhephasen einplanen.

▶ Es gibt viele bekannte Kinderspiele, die auf Reaktionsübungen beruhen, z.B. Feuer – Wasser – Erde – Luft.

▶ Für rhythmisch-kreative Reaktionsspiele gilt dasselbe, was bereits beim Thema „Klang" (*Reise nach Jerusalem*) über das Ausscheiden gesagt wurde. Reaktion kann nur geübt werden, wenn man Gelegenheit zum Üben bekommt und nicht sofort ausscheidet, weil man zu langsam ist.

Schulkinder

Bodentennis mit Variationen:

- Ein Ball wird durch den Kreis gerollt. Ein Kind bewegt sich in der Kreismitte und versucht, dem rollenden Ball auszuweichen. Wenn ein Fuß berührt wird, findet ein Spielerwechsel statt. Probeversuche sind möglich.
- Zu zweit in der Mitte sein, sich evtl. an den Händen fassen.

▶ Die Kinder müssen bei diesem Spiel sehr genau darauf achten, dass der Ball nicht zu oft den Kreis verlässt, sonst werden die Pausen zu lange. Die Kooperation unter den Kindern ist wichtig.

▶ Bei dieser Spielform werden Reaktion, Körpersteuerung (Krafteinsatz) und Geschicklichkeit trainiert.

▶ Erwachsene und Kinder erleben, dass auch Spiele, bei denen es nicht um Gewinnen oder Verlieren, um gut oder schlecht, geschickt oder ungeschickt geht, großen Spaß machen können. Diese Aufgaben sind eine Alternative zu sportlichen Wettkampfspielen.

▶ Reaktionsspiele eignen sich auch fürs Freie, hier muss eventuell der Spielraum eingegrenzt werden.

Jugendliche

Impulse zum Weiterführen:

Alle Bodentennisvarianten sind erfahrungsgemäß auch für Jugendliche attraktiv. Besonders interessant sind die „blinden" Variationen mit ihrem höheren Schwierigkeitsgrad. Dabei geht es nicht nur um Reaktionsschnelligkeit, sondern vor allem auch um genaues Hinhören.

Weiterführungsmöglichkeit zum Thema Kommunikation, Kennenlernen:

- „Ich rolle oder werfe dir den Ball zu, weil ich eine Frage an dich habe, etwas von dir wissen will".

▶ Jugendliche lassen sich von alternativen Spielformen durchaus ansprechen, wenn sie der Situation entsprechen.

Heilpädagogik

▶ Viele der beschriebenen Spielansätze können in ähnlicher oder abgeänderter Form in einzelnen heilpädagogischen Bereichen ausprobiert werden.

▶ Es kommt immer auf die Aufnahmefähigkeit und Aufnahmebereitschaft der Kinder an, auf ihre körperliche und geistige Befindlichkeit. Die Erzieherin muss die Fähigkeiten der Kinder kennen und genau wahrnehmen, wo sie Impulse setzen kann.

Ich entdecke die NATUR

Das Thema Natur bietet für das rhythmisch-kreative Arbeiten fast unbegrenzte Variationsmöglichkeiten. Naturerscheinungen, Naturmaterialien, Gegensätze von künstlich und natürlich, aber auch Begriffe, Stimmungen, Vorstellungen oder Erfahrungen können Impulse sein.

Grundspielformen Erwachsene

Gemeinsame Themensuche:
Welche Begriffe, Themen, Bilder aus der Natur können Ausgangspunkte für die rhythmisch-kreative Arbeit sein?
Einige Beispiele:
Spuren, Wege, Jahreszeiten, Luft; Wettererscheinungen wie Regen, Schnee, Sonne, Licht und Schatten, Sturm, Gewitter; Naturmaterialien wie Steine, Blätter, Früchte, Äste, Holz, Erde; Bäume, Tiere, Naturstimmen ….

Text zur Einstimmung: „Weißt Du, dass die Bäume reden?"
„… Einmal in seinem Leben, so glaube ich, sollte sich ein Mensch mit seinem ganzen Wesen auf ein Stück vertraute Erde konzentrieren. Er sollte sich einer Landschaft, die er kennt, ganz hingeben, sie aus so vielen Blickwinkeln betrachten, wie es ihm möglich ist, über sie staunen und bei ihr verweilen. In seiner Vorstellung sollte er sie zu jeder Jahreszeit mit seinen Händen berühren und ihre vielfältigen Laute in sich aufnehmen. Er sollte sich die Geschöpfe vorstellen, die dort leben und jeden Windhauch spüren, der darüberstreicht …." (*N. Scott Momaday*)

Die Begegnung mit der Natur bietet unendlich viele Sinneserfahrungen.

Beispiel „Luft":

- *Im Freien:* Verschiedene Bewegungsarten ausprobieren, dabei die Atmung beobachten.
- Verschiedene Atemvorgänge (tief atmen, hecheln, schnell atmen) beobachten und hörbar machen.
- Wahrnehmen des Luftraumes. Wie wird Luft bewusst (Wind, Kälte, Wärme)?
- *Im Raum:* Die Fenster sind geschlossen. Jede sucht sich einen Platz am Boden (Matte), legt oder setzt sich hin, schließt die Augen und nimmt bewusst die Luft im Raum bzw. den Unterschied zur frischen Luft draußen wahr.
- Die Fenster werden langsam geöffnet, frische Luft strömt in den Raum.
- Sich strecken, räkeln, dehnen. Langsam zum Stehen kommen.

Spiel mit Luftballons

- Bewegung im Raum zu „luftiger" Musik (Gitarre, Rainmaker, Glockenspiel).
- Die Bewegung mit Summen und anderen Tönen begleiten.
- Ein aufgeblasener Luftballon wird während des Bewegens von einer zur anderen gespielt.
- Das Anstoßen des Ballons kann unregelmäßig oder regelmäßig zum Taktschwerpunkt geschehen.
- Alle sitzen. Jede bekommt einen unaufgeblasenen Luftballon und versucht, das Lufteinfüllen beim Aufblasen sehr bewusst wahrzunehmen.
- Was passiert, wenn die Luft ausströmt? Auf welche Weise kann das geschehen (Ballon fliegt weg, schrumpft, quietscht)?
- Begriffe, Redensarten sammeln: *Luft ablassen, Luft holen …*.
- Kleingruppen wählen einen Begriff und versuchen, ihn den anderen pantomimisch nahezubringen. Die anderen raten.

Elementarbereich

Luft bewegt:

- Wir sammeln viele Dinge, die ganz leicht sind: Federn, Seidenpapier, Watteflocken, Luftballons, Papierbälle und legen sie auf den Boden, auf den Tisch, in einen Reifen.
- Ein Kind bläst von verschiedenen Seiten hinein. Was bewegt sich? Was nicht? Was hebt sich ein wenig oder schwebt sogar kurz in der Luft?
- Mehrere Kinder blasen. Was passiert jetzt?
- Wir können unterschiedlich stark blasen.
- Jedes Kind wählt ein „Pusteding" und probiert aus. Tausch oder Zusammenspiel ist möglich.

Im Freien:

- Wir nehmen unsere Leichtgewichte mit hinaus ins Freie und versuchen, ob irgend etwas von der Luft getragen wird.
- Variation im Herbst: Ein Spiel mit Blättern.
- Wir sehen den Blättern beim Fallen, Segeln, Treiben, Wirbeln zu.
- Wir lassen sie selbst segeln.
- Wir bewegen uns wie wirbelnde Blätter.

Das Thema Luft lässt sich auch mit Materialien wie Schwimmreifen, Schwimmtiere, Japanbälle, Luftballons, Folie, Schwungtuch, Fallschirm (z. B. auch aus Servietten, Papiertaschentüchern) gut verdeutlichen.

Schulkinder

Schwungtuch- und Fallschirmspiele:

- Das Tuch schwingen und loslassen. Wie schwebt oder treibt es? Fliegt das Tuch davon?
- Am Boden gelandet, können Luftpolster entstehen, die aussehen, als würde jemand (etwas) unter dem Tuch sein.
- Luftpolster bewusst herbeiführen.
- Auf dem Schwungtuch Luftballons oder Papierbälle fliegen lassen.
- Mit der eingefangenen Luft einen Iglu machen (siehe auch *Ich entdecke OBJEKTE*, Seite 95).

Seifenblasen:

- Verschieden große Seifenblasen schweben durch die Luft, wir können ihnen vor allem im Freien sehr lange zusehen. Wo fliegen sie hin? Wie hoch? Wie weit? Welche Rolle spielt die Luft bei diesem Spiel?

- ### Begriffsbildung, Gespräch:
  Themen aufgreifen, die sich mit der Luft beschäftigen, z. B. *Luftwiderstand, Luft zum Atmen, dünne Luft, dicke Luft* …
  Kann man Luft sehen, hören, riechen, fühlen?

Begriffsbildung zum Themenkreis Luft

Jugendliche

Luft trägt und tönt:

- Fallschirmspiele können je nach Situation eine Einstiegsmöglichkeit in das Thema bieten.
- Welche Rolle spielt die Luft beim Spielen von Instrumenten (Blasinstrumente, Orgel, Dudelsack …)?
- Praktisch ausprobieren, wie man ein Instrument anspielt, einen Ton erzeugt, ihn verändert.
- Seifenblasen: Auch Jugendliche und Erwachsene lassen sich gerne von den schwebenden Kunstwerken verzaubern.

- Rhythmisch-kreative Impulse können zu Gesprächen und Diskussionen, z.B. über die Luftverschmutzung führen.

Der Natur begegnen:
- Als gedanklichen Einstieg den Text „Weißt Du, dass die Bäume reden?" (siehe Seite 150) oder einen anderen passenden Text vorlesen.
- Wir gehen ins Freie. Jede wählt sich etwa einen Quadratmeter Erde aus und erforscht in einer vorher vereinbarten Zeit diesen Platz.
- Ein kleines Stück davon (Grashalm, Rinde, Stein) mit in den Raum nehmen.
- Das Mitgebrachte an einem passenden Platz auflegen.
- Alle sehen sich die Gegenstände an.
- *Gedankenaustausch:* Warum habe ich dieses Stück gewählt?
- Das Stück Erde im Laufe des Jahres öfter auf Veränderungen hin überprüfen.

Methodische Hinweise

Für Naturthemen muss man keine teuren Geräte kaufen. Materialien und Instrumente sind einfach da und sind ein spannendes und schönes, ästhetisches Anschauungs- und Spielmaterial, das sogar selbst gesammelt werden kann. Die ganze Palette von Sinneswahrnehmung ist hier angesprochen. Das Verhältnis zur uns umgebenden Natur wird intensiviert.

Rhythmisch-kreative Spielansätze und ihre Übertragung in pädagogische Alltagssituationen

Spielansätze für alltägliche Situationen

In der folgenden Übersicht werden zunächst alltägliche Situationen mit dazu passenden Rhythmik-Angeboten aufgelistet. Die ausgewählten Spielvorschläge sind als Anregung gedacht. Sie können beliebig erweitert oder verändert werden. Danach werden einige wichtige Alltagssituationen mit detaillierten Vorschlägen zur rhythmisch-kreativen Arbeit vorgestellt. (Weitere Ideen zu den einzelnen Bereichen finden sich in den praxisbezogenen Teilen des Buches).

Situationen	Spielansätze

Rhythmik zum
Wachwerden, Dynamisieren,
in Schwung kommen:
▸ Spiel mit Gegensätzen
  Stimmungen, müde – wach
▸ Instrumente, Bälle

Wohlfühlen, Entspannen:
▸ Massageformen, z.B. Wettermassage,
  Körperbildung, Ausspannen – Lösen

Zu jeder Gelegenheit das passende Rhythmik-angebot

Rhythmik beim
Kennenlernen neuer Materialien:
▸ „Ein Paket auspacken", Gegenstände
  verstecken

Kennenlernen neuer Instrumente:
▸ Improvisieren, Klänge raten
Kennenlernen neuer Menschen:
▸ Kennenlernspiele mit Bällen
Eingewöhnen, Anwärmen
Vertraut werden, Sicher werden:
▸ Raumerfahrungsaufgaben,
  Raumorientierung
Ruhig werden:
▸ Gegensätze laut – leise;
  Körperwahrnehmung

Ausagieren:
▸ Sausen, rennen, Bewegungen erfinden,
  Kraftübungen

Warten:
▸ Sinnesspiele, Liederketten, Wortketten,
▸ Haltungsveränderungen þbewegen–erstarren

Sich durchsetzen, Rücksicht
nehmen, auf andere achten:
▸ Aufgaben „Führen und Folgen", mit und
  ohne Geräte (Reifen, Seile, Luftballons …)
Ausprobieren neuer Spielformen,
Regeln und deren Veränderungen:
▸ Bodentennis, Spiel mit Sand- oder
  Reissäckchen
Experimentieren mit Klang und
Stimme:
▸ Gläserklänge, Flaschenklänge,
  Kücheninstrumente, Zeitungen
▸ Rufen, singen, schnarchen, flüstern

Rhythmik zur
Förderung von Reaktion:
▸ Spiel mit Stäben, Bewegungsreaktion auf
  akustische, visuelle, taktile Signale

Förderung von Konzentration:
▸ Seile legen und nachlegen; „blindes" Spiel,

		vergleichen, reihen und zuordnen von Materialien
	Förderung von Körperbewusstsein:	▸ Körperreise, Atem, Puls; anspannen – entspannen; der eigene Rhythmus; Körperteile (Hände Füße, Rücken)
		▸ Körpersprache: Gestik, Mimik, Haltung
	Förderung des Körperkontaktes:	▸ Berührungen, massageähnliche Formen
Vielfältigste	Förderung der Sinnestätigkeit:	▸ Sehen, hören, begreifen
rhythmisch-	Förderung von nonverbaler	▸ Mit dem Körper sprechen, Klangsprache,
kreative	Kommunikation:	Gestik, Mimik, Haltung
Spielideen	Schulung des Gehörs:	▸ Hinhören, horchen, zuhören
		▸ Klänge unterscheiden, Richtungshören
	Förderung von Umweltbewusstsein	▸ Natur erfahren, Elemente, Naturmaterialien
	Förderung von kreativ-gestalterischen Ansätzen:	▸ Masken, Farben, Formen, Skulpturen, Bilder, Klangbilder

Rhythmik bei

Bewegungdefiziten:	▸ Körperbildung, Gleichgewicht, Rücken, Geräte, die Anreiz geben zum Bewegen, Bewegungsmusik, gemeinsam erfundene Bewegungsspielregeln
Gleichgewichtsproblemen:	▸ Spiele und Übungen zur Verbesserung des Gleichgewichtes, auch mit Geräten wie Pedalos, dickes Tau, Therapiekreisel
Orientierungsproblemen:	▸ Raumerfahrungs- und Raumorientierungsaufgaben
Langeweile:	▸ Klänge ausprobieren: Raum-, Küchen-, Gartenklänge, Beobachtungsspiele, Formen suchen
Schulmüdigkeit:	▸ Wechsel von Bewegung und Ruhe, kräftig – schwach, laut – leise, Entspannung – Anspannung

Stress:	▶ Schwungtuch, Luftballons, Stäbe, Körperbildungsübungen
Rhythmik als Basis für Gestaltung:	▶ Masken, Farben, Formen, Skulpturen, Zeitlupe, Alltagssituationen unter der Lupe oder als musikalische Geschichte, Klangbilder
Feste und Feiern:	▶ siehe die Ausführungen zu rhythmisch-kreativen Projekten, und zu den fächerübergreifenden Aspekten rhythmisch-kreativer Arbeit, *Berührungspunkte*, Seite 166
künstlerisches Tun:	▶ Körpersprache, improvisierte Tanzformen, improvisierte Musik, Ausdruck, Farben, Formen

Rhythmik bei Stress

Beispiel: Schwungtuch (Fallschirm):

▶ Alle stehen in einem engen Kreis und halten das Schwungtuch leicht mit zwei Fingern. Ganz langsam und allmählich wird das Tuch gespannt (der Kreis wird vergrößert), bis die höchstmögliche Spannung erreicht ist.

▶ Die Spannung aushalten, so lange man kann, dann langsam wieder lockern; mehrmals anspannen und lösen.

▶ *Variationen*: Augen dabei schließen, jede hält die Spannung, so lange sie möchte und lässt dann unabhängig von den anderen langsam locker.

▶ Partneraufgabe mit Seilen oder Schnüren: Wie stark kann die Spannung sein, ohne dass die Schnur reißt bzw. bis sie reißt?

Spannung, Anspannung und Entspannung

Mögliche Fragestellungen:
Was wird körperlich und emotional beim Spannen und Lösen empfunden?
Wie lange ist die Spannung spannend? Wann wird sie zur Überspannung? Wann entsteht Stress? Kenne ich diesen Zustand auch aus anderen Situationen?

Welche Körperteile spüre ich besonders?
Was nehme ich außer meiner eigenen Spannung noch wahr? Was fällt mir an der Mimik (meiner eigenen und der anderer) auf?
Was entspricht mir in der momentanen Situation mehr: anspannen oder locker lassen?

Methodische Hinweise ▶ Um die anderen und die eigene Person zu spüren, braucht man eine „gute Spannung"; dies ist für viele Situationen gültig. Ständige Anspannung führt zu Stresssymptomen. Am Material Schwungtuch kann man die körperliche Anspannung gut nachvollziehen.

Rhythmik zum Wohlfühlen und Entspannen

Massage von Nacken und Rücken

Beispiel Wettermassage:
- Partneraufgabe: Eine Partnerin suchen, gemeinsam einen guten Platz auswählen, eine Matte auflegen.
- Eine von beiden begibt sich in eine passive Stellung, in der sie sich wohl fühlt. Auch die Aktive beachtet, dass sie nicht angespannt ist.
- Absprache treffen, welche Körperteile nicht massiert werden sollen.

- Die folgende Anleitung bezieht sich auf Nacken und Rücken.
- In kurzen Sätzen wird eine Wettersituation beschrieben und in massageähnliche Berührungen übertragen.

Die Sonne wärmt verschiedene Körperstellen	Die Hände liegen ruhig auf dem Rücken der Partnerin, bis die Stelle warm wird, dann andere Stellen wärmen.
Leichtes Lüftchen	Die Hände streichen leicht über den Rücken.
Wind von leicht bis stark	Schneller, intensiver streichen.
Kurze Stille vor dem Sturm	Die Hände kurz wegnehmen.
Die ersten Tropfen fallen	Einzelne Finger betupfen den Rücken an verschiedenen Stellen.
Der Regen wird stärker, die Tropfen werden größer.	Die Finger (Fingerspitzen, Fingerkuppen) spielen lassen.
Sehr starker Regen	Leichtes Trommeln mit den Händen.
Gewitter: grollender Donner	Leichtes Trommeln mit den Fäusten.
Blitz	Über den Rücken streifen.
Hagel	Mit den Fingerknöcheln klopfen.
Das Gewitter verzieht sich.	Nur noch vereinzelt mit den Knöcheln und der Faust klopfen.
Der Regen hört allmählich auf.	Weniger und leichter trommeln.
Die Sonne kommt.	Die Hände auf verschiedene Stellen des Rückens legen.

Fragestellungen:
Was war angenehm, was nicht?
Sind bestimmte Körperstellen jetzt wärmer?

Variationen:
Man muss nicht die gesamte Palette der Anleitung durchführen.

Mit den Händen ein „Unwetter" lebendig werden lassen

Eigene Ideen können mit verwendet werden (z. B. Nebel).
Andere Themen (Wege, Landschaften, Bilder …) bilden die Grundlage für die Massage.

Methodische
Hinweise

▶ Nicht direkt auf der Wirbelsäule klopfen, Vorsicht auch im Bereich der Nieren. Befindlichkeit der Partnerin immer beobachten.

▶ Die Themen sollen angenehme Assoziationen herstellen, nicht aufregen oder belasten. Die Stimme soll deutlich sein, nicht ständig reden. Sprachlich nicht zu sehr ausschmücken, Schwerpunkt ist nicht die Geschichte.

▶ Schwierig ist die Einschätzung der Zeit. Die Dauer ist von vielen Faktoren (Befindlichkeit, räumliche Voraussetzung, Gruppe u.ä.) abhängig.

▶ Massageähnliche Formen nicht mit Profi-Massage verwechseln, diese bleibt den Fachleuten überlassen.

▶ Reflexion nicht unbedingt mit der ganzen Gruppe, aber mit der Partnerin.

Rhythmik zum Wachwerden

Stehen, liegen, sitzen:

- Wahrnehmen der eigenen Stimmung und Befindlichkeit, eine Haltung einnehmen, die dieser Befindlichkeit entspricht.
- Die Haltung mit jedem Signalton verstärken, überzeichnen, allmählich zum Extrem gehen, dann wieder zum Gegenteil hin verändern.
- Zum Bewegen kommen, durch den Raum gehen, mit den vorher erprobten Gegensätzen spielen, z.B. müde – wach, heiter – dumpf, aufmerksam – abwesend ….
- Übertragen der Stimmungen auf Instrumente (Bewegungsbegleitung).

*Bewegung
aktiviert und
macht munter.*

Fragestellungen, Gesprächsansatz:
Welche Art der Bewegung macht müde, welche munter?
Welche Art von Klang unterstützt welche Stimmung?
Welchen Einfluss haben Klang und Bewegung auf die momentane Stimmung?

▶ Sich die eigene Befindlichkeit bewusst zu machen und auch körperlich wahrzunehmen, kann ein erster Schritt zum Aufwachen sein. Durch das Spiel mit den Gegensätzen wird oft das Unbehagen mit der vorhandenen Stimmung bzw. die Lust auf Veränderung deutlich.

Methodische Hinweise

Rhythmik bei Langeweile

Beispiel Formen suchen:
- Der Umriss eines Gegenstandes im Raum wird skizziert, gesucht und dann mit der Zeichnung verglichen.

Variationen:
- Farben beschreiben, malen, suchen, vergleichen, sammeln, kombinieren, ausprobieren.
- Dasselbe mit Gegenständen, Klängen oder Bewegungen.
- Spielformen im Freien: Wo steht dieser Baum? Welche Geschichte könnte er erzählen? Welche Stimme, welchen Klang könnte er haben?

Fragestellungen:
Seit wann ist mir langweilig? Warum?
Was ist Langeweile? Woher kenne ich sie? Was mache ich dann?
Kenne ich jemanden, der auch oft Langeweile hat?

Mit Formen, Farben und Klängen gegen Langeweile

▶ Es gibt kein Rezept gegen Langeweile, auch nicht in der Rhythmik. Die Fähigkeit, zu beobachten, situativ Impulse aufzunehmen und ins Rhythmisch-Kreative umzusetzen, sollte von Pädagogen trainiert werden. Jede Situation bietet Ansatzpunkte zum spielerischen Verwerten von Sinneseindrücken. Sogar die Diskussion über Langeweile kann diese vertreiben. Allerdings sollte man Langeweile nicht mit Ruhebedürfnis oder Entspannungsphasen verwechseln. Hier gilt es, sensibel zu differenzieren.

Methodische Hinweise

Rhythmik beim Warten

Wartezeiten
mit Sinnes-
spielen
überbrücken

Sinnesspiele:

Auch Wartesituationen können spannend und interessant werden, z.B. durch den Einsatz von Sinnesspielen.

- *Beispiele:* Ich sehe (höre, rieche, fühle, spüre) etwas, was du noch nicht siehst ….
- Was ich gerade sehe, klingt so ….

Variationen:

- Lieder-, Wort-, Reimketten bilden.
- Auf ein Signal wird die Haltung leicht verändert, die neue Stellung nachgespürt.
- Nur eine Teilnehmerin verändert die Haltung, die anderen schliessen währenddessen die Augen. Danach die Veränderung wahrnehmen und benennen.
- Signale zum Bewegen und Erstarren.
- In die Stille, die Hektik, den Lärm horchen. Differenzieren von Schallquellen.
- Begriffe, die mit Warten zu tun haben, finden.

Fragestellungen:

Welche Bedeutung kann Warten haben?
Welche Wartesituation kenne ich?
Wie geht es mir beim Warten?
Halte ich Warten gut aus?

Rhythmik beim Kennenlernen neuer Materialien

Verborgene
Materialien
wecken die
Neugierde.

Beispiel „Ein Paket auspacken":

Ein stabiles Paket mit Rhythmikmaterial ist angekommen und wird gemeinsam ausgepackt.

- Das Paket steht in der Mitte, deutlich sichtbar oder mit einem großen Tuch bedeckt.
- Alle bewegen sich durcheinander im Raum zur Musik.
- Das Paket wird in die Bewegung mit einbezogen: geschoben, getragen, darübersteigen, sich darauf setzen. Die Bewegung wird dabei nicht unterbrochen.
- Zum Musikende stehen alle im Kreis um das Paket. Was könnte drinnen sein?

- Auf ein Signal beginnen alle gleichzeitig, das Paket zu öffnen.
  Wenn der Karton weiter verwendet werden soll, vorsichtiger damit umgehen.
- Gleichzeitiges Hineingreifen ins offene Paket, vielleicht sogar mit geschlossenen Augen. Betasten, Befühlen des Inhaltes.
- Ausräumen, auflegen, ansehen, befühlen, weitergeben.
- Jede (zu zweit, zu dritt) sucht sich einen Teil des Inhalts aus. Freies Ausprobieren, Spielen.
- Spielformen finden, die den anderen gezeigt werden.
- Tauschen der Gegenstände.
- Mit allen Sachen ein Bild legen.

Variationen:
- Sich einzelne Materialien oder Geräte als Schwerpunkt auswählen.
- Kunstwerke bauen.
- Geräte und Materialien nach verschiedenen Kriterien werten oder reihen.
- Klangmöglichkeiten ausprobieren.

Fragestellungen:
Welches Ding, Material, Gerät spricht mich besonders an? Warum?
Womit möchte ich mich länger beschäftigen?
Womit konnte ich nichts anfangen? Ist das jetzt anders?
Wozu und wann können wir den Paketinhalt wieder verwenden?
Was geschieht mit der Verpackung?

▶ Da sich die Situation des Auspackens nicht so häufig ergibt, kann man diese selbst inszenieren. Erfahrungsgemäß finden nicht nur Kinder dieses Spiel reizvoll. Methodische Hinweise

Rhythmik zur Förderung der Konzentration

Beispiel Seilbilder:
- Kennenlernen des Materials „Seil", balancieren, sich mit Seilen oder um Seile bewegen.

- Eine Partnerin auswählen, jede hat ein Seil gleicher Art.
- Eine legt langsam eine gegenständliche oder abstrakte Seilfigur, die an-

Abstrakte Grafiken entstehen aus bunten Seilen.

Konzentra-tionsübungen mit dem Seil

dere beobachtet und legt dann das Bild nach.
• Wechsel der Rollen.

Variationen:
• Das vorgeformte Bild betrachten, sich umdrehen und es aus dem Gedächtnis nachlegen.
• Das Seilbild wird blind ertastet und mit offenen Augen an einer anderen Stelle des Raumes nachgelegt.

• Das Seil wird blind ertastet und blind nachgeformt.
• Beide Partnerinnen schließen die Augen.
• Das erste Seilbild wird mit dem zweiten ergänzt (Formgestaltung). Eventuell Partnerwechsel einbauen.
• Gruppenarbeit: Eine legt ein Seilbild in der Mitte des Kreises, die anderen betrachten es, drehen sich um und legen das Bild nach.

- Einzelarbeit: Versuchen, zunächst mit offenen, dann mit geschlossenen Augen um sich einen Kreis, ein Quadrat, ein Dreieck zu legen.
- Statt Seilen Bleischnüre, Bänder, Fäden, Pfeifenreiniger verwenden.

Fragestellungen:
Welche Spielform ist am schwierigsten, erfordert die höchste Konzentration?
Was ist schwieriger, das Merken, das Legen, das Formen oder das Zuschauen? Was ist spannender?

▶ Mit einfachen Formen beginnen und dann langsam steigern. Oft werden zu rasch schwierige Figuren gewählt.
▶ Blindes Legen erfordert große Konzentration. Die Zeit gut einschätzen, nicht zu lange arbeiten, Ausgleich durch Bewegungsphasen schaffen.

▶ Möglichst wenig sprechen, das ist ebenfalls sehr schwierig.
▶ Nicht von außen korrigieren, sondern vergleichen und Unterschiede selbst feststellen lassen.

Methodische Hinweise

4. Berührungspunkte
Die fächerübergreifenden Aspekte rhythmisch-kreativer Arbeit entdecken

„Kästchendenken" sollte in einem zeitgemäßen Schul- und Bildungssystem nicht mehr aktuell sein. Lerninhalte und Lernziele greifen in den verschiedensten Sparten ineinander über bzw. sollten dies tun, um Bildung ganzheitlich und global zu vermitteln.

Ganzheitlichkeit schafft Verbindungen

Handlungsorientierte Begriffe wie „fächerübergreifendes Lernen" oder „Fächerverbindungen" werden vielfach bemüht und gehören zum gängigen Sprachrepertoire – und doch scheitert ihre Umsetzung in der (Schul-)Praxis oft an organisatorischen Problemen.

Die Rhythmik greift mit ihrem ganzheitlichen Ansatz die Idee des Verbindenden auf und integriert viele Themen und Bereiche der allgemeinen Bildung in ihre Arbeitsweise.

Verbindungslinien zu anderen Unterrichtsfächern

Die nachstehende (unvollständige) Sammlung von Themen ist zum Teil mit Kolleg/-innen an der Fachakademie für Sozialpädagogik erprobt worden. Sie zeigt Möglichkeiten der fachübergreifenden Zusammenarbeit in der Erzieher/-innen-Ausbildung auf, will zum Nachdenken anregen und weiteren Ideen auf den Weg helfen.

▶ Rhythmik und Religionspädagogik
   z.B. „Wege gehen", „Standpunkte finden", „Es wird hell in der Dunkelheit", „Spuren suchen" ...

▶ Rhythmik und Kunsterziehung
   z.B. „Farben und Formen", „Meine Maske", „Regenbogen" ...

▶ Rhythmik und Werken
   z.B. „Spiel mit Stühlen", „Ich bau mir mein Instrument", „Marionetten und Puppen" ...

▶ Rhythmik und Jugendliteratur
z.B. „Ein bewegtes Bilderbuch", „Lach- und Sachgeschichten" (*Ursula Wölfel*), „Wilde Kerle", „Liebesgeschichten", „Lucky Luke und andere Helden" …

▶ Rhythmik und Deutsch
z.B. „Ein Gedicht klingt nach", „So tanzt Ringelnatz", „Bewegte Sprachspielereien", „Die Wortmaschine" …

▶ Rhythmik und Psychologie
z.B. „Körper und Ausdruck", „Entwicklungen", „Figur und Hintergrund", „Die Gestalt" …

▶ Rhythmik und Heilpädagogik
z.B. „Dinge ordnen", „Wir sind verschieden", „Umschalten können", „Nicht sehen – nicht hören – nicht sprechen" …

▶ Rhythmik und Gesundheitserziehung
z.B. „Mein Körper spricht", „Rückgrat haben", „Haltungen", „So ein Stress" …

▶ Rhythmik und Soziologie
z.B. „Familienstrukturen", „Afrikanischer Rhythmus", „Bewegtes Leben anderswo" …

▶ Rhythmik und Sport
z.B. „So was von geschickt", „Voneinander lernen", „Mein Bewegungsrepertoire", „Kraft haben"

▶ Rhythmik und Pädagogik
Die Wechselbeziehung ist immer gegeben. Themen sind z.B. „Erziehungsstile am eigenen Leib erfahren", „Orientierung", „Lebensmuster", „Die Umwelt wirkt" …

▶ Rhythmik und Praxis- und Methodenlehre
z.B. „Bin ich ein Clown?" (Rollenverhalten), „Anfangen, wo die Gruppe steht" (Gruppenphasen), „Gemeinsam sind wir stark" …

▶ Rhythmik und Mathematik
z.B. „Geometrische Formen", „Gleichungen", „Zahlen" …

▶ Rhythmik und Musik
Dass es hier vielfältigste Verbindungen gibt, versteht sich von selbst.

Fächerübergreifendes Lernen in der Erzieher/-innen-Ausbildung

Rhythmik und Religionspädagogik: Ein Beispiel

Im Unterrichtsfach Religionspädagogik soll nach dem Lehrplan für Fachakademien auch das Thema „Begegnung mit Fremden – Christentum – Islam" behandelt werden. Unter dem Titel „Standpunkt beziehen" wurde dazu als fachverbindende Aktion eine rhythmisch-kreative Einführung erarbeitet. Diese einführende Rhythmiksequenz wird hier in einer Kurzfassung vorgestellt.

Die folgende Übung ist zwar als Einheit konzipiert, einzelne Elemente können aber auch (unter dem Gesichtspunkt zeitlicher Verkürzung) herausgenommen werden. Wichtig für die Anleitenden ist, die Gruppe gut im Auge zu behalten, um einem Abgleiten ins Banale vorzubeugen, sowie situationsorientiert zu reagieren und Anregungen der Studierenden aufzugreifen. Die Übungen laufen vorwiegend nonverbal ab.

„Standpunkt beziehen"

Durchführung:

- Einen angenehmen Platz im Raum suchen, bewusst auswählen und mit einem Symbol markieren.
  Dieser Platz ist Ausgangspunkt für die Raumorientierung. Das Symbol erleichtert das Zurückfinden. Symbole können auch Worte, Sätze, Klänge sein.

- Eine angenehme Stellung suchen. Wer möchte, kann die Augen schließen.
  Bewusstes Wahrnehmen der eigenen Befindlichkeit.

- Die Augen öffnen, sich frei durch den Raum bewegen, zu eigenem oder vorgegebenen Tempo. Angenehme und unangenehme Plätze im Raum wahrnehmen. An einzelnen Stellen stehen bleiben: guten Bodenkontakt suchen. Wie gefällt mir dieser Platz? Drei bis vier verschiedene Plätze testen.
  Verschiedene Standpunkte ausprobieren können; Polaritäten über die Bewegung erfahren, Gegensätze und Verschiedenheiten wahrnehmen, abwägen, pendeln.

- Zurück zum Ausgangspunkt, fest stehen, eventuell stampfen, mit viel und mit wenig Druck, Bodenkontakt, auf einem Bein, auf Zehenspit-

zen, auf zwei Beinen stehen, verschiedene Körperhaltungen einnehmen: Stabilität und Instabilität erfahren.
Körperlich „im Gleichgewicht sein".

- Mit den Augen einen zweiten guten Platz suchen.
Den Vergleich ermöglichen.

- Den Weg dorthin gehen, das Symbol mitnehmen, eventuell ein neues suchen, einen neuen Platz ausprobieren.
Unterwegssein als wichtige Erfahrung; Ich bin nicht allein, andere kreuzen meinen Weg, weichen aus, verstellen mir den Weg usw.

- Verschiedene Wege zwischen den beiden Plätzen gehen (gerade, verschlungene, Umwege, sehr langsam, sehr schnell gehen …), Variationen je nach Situation; Tempo durch Musik oder Klang vorgeben.
Jemand bestimmt die Qualität meiner Bewegung, mein Tempo.

- Mit jemandem mitgehen, sich mitziehen lassen, jemanden mitnehmen, mit anderen unterwegs sein …
Partneraufgaben signalisieren den sozialen, kommunikativen Aspekt.

- Sich auf einen Standpunkt festlegen, ihn unter Umständen mit einem neuen Symbol markieren.
- Den Standpunkt benennen.

- Austausch im Gespräch.
Aufgreifen der Erfahrungen als Gesprächs- und Diskussionsbasis.

5. Das ABC der Rhythmik
Begriffe aus dem Umfeld der rhythmisch-kreativen Erziehung

A Ästhetik, ästhetische Erziehung (griechisch *aisthanomai*: wahrnehmen, mit allen Sinnen aufnehmen) Aggression (lateinisch *Angriff*); Aggressivem Verhalten begegnen wir in unserer pädagogischen Arbeit bei allen Zielgruppen.

Akrobatik: Ziel rhythmisch-kreativer Aufgabenstellungen ist nicht die Ausbildung von kleinen und großen Zirkusartisten. Die in der Rhythmik verankerte Körperarbeit (z.B. KIB, *siehe dort*) kann aber zu kleinen improvisierten Szenen, Kunststücken und Gestaltungen führen, die durchaus akrobatischen Charakter haben können (z.B. Gleichgewichtsübungen, Geschicklichkeit mit Geräten usw.).

Aktion, aktiv

Anfangen, Anfangssiuation

Anpassung (Selbstverantwortung, Selbstständigkeit)

Atmung, atmen

Aufbau einer rhythmisch-kreativen Spielsequenz bzw. einer Unterrichtseinheit (siehe Seite 55ff)

Ausbildung: Die Ausbildung von Diplom-Rhythmiklehrer/-innen findet an Hochschulen für Musik statt. (siehe *Anhang*, Seite 182)

Ausdruck (siehe *Ich entdecke meinen AUSDRUCK*, S. 142ff)

Autogenes Training: Bewusstes Herbeiführen einer Entspannungszustandes

Awareness (Sensory): Im Sensory Awareness wird vom bewussten Spüren ausgegangen. „Das Wahrnehmen, sowohl der autonomen Vorgänge im Organismus, als auch das Wahrnehmen der dauernden Wechselbeziehungen zwischen der Umgebung und der eigenen Person, soll den Umfang dessen, was gefühlt und getan wird, erkennen und erweitern helfen." (*Charlotte Selver*)

B Ball, Ballon: Beliebtes Rhythmikgerät in vielfältiger Ausführung; Tennis-, Gummi-, Gymnastik-, Filz-, Klingel-, Jonglier-, Medizin-, Stoff-, Koshball, große, kleine, verschieden geformte Ballons

Balance

Band (Faden, Schnur)

Becken: Instrument, vor allem zur Bewegungsbegleitung; kleine oder große Hängebecken, Standbecken, (siehe auch *Orff-Instrumente*)

Bauen (mit Material, mit dem Körper)

Begegnung, Beziehung (siehe auch *Ich entdecke DICH/EUCH*, Seite 126/130)

Bewegungsbegleitung

Bewegungserziehung

Berufsbegleitende Ausbildung (siehe *Anhang*, Seite 182)

Bewusstheit, Bewusstmachen (siehe *Awareness*)

Bilder: Reale oder phantasierte Bilder können Bewegungs- oder Klanggestaltungen anregen. Sie entstehen auch als „Ergebnis" einer Rhythmikstunde.

Bongo: Eine Art Doppeltrommel aus zwei verschieden großen, topfförmigen Resonanzkörpern, die miteinander verbunden sind.

Bordun: Bei einer Melodie mitschwingender Ton in gleichbleibender Höhe (Grundton oder Quinte)

C Cabasa: rasselähnliches Instrument

Choreografie: Tanzformen werden erfunden, gestaltet, aufgeschrieben und in Beziehung gesetzt zu Musik, Zeit und Raum.

Clique: Verschworene Gruppe; auch in der Rhythmikgruppe gibt es oft mehrere Cliquen – ein Faktor, den man sich bewusst machen und den man mit einbeziehen muss.

Clown: In der Gruppe erleben wir oft die Rolle des Gruppenclowns, der sich durch auffälliges Verhalten Anerkennung, zumindest Aufmerksamkeit sichern will. Die sinnvolle Integration von Clowns durch Ernstnehmen der Person, durch Zuwendung und durch ein Angebot an Übungsformen und Aufgabenstellungen, die Erfolgserlebnisse aus sich selbst heraus versprechen, ist wichtige Aufgabe für den Pädagogen. *Clown* als Gestaltungsansatz: Durch Überzeichnung von Bewegungs- und Ausdrucksformen können witzige, lustige Gestaltungen entstehen. Kinder und Erwachsene sind meist gerne Clowns. Es entlastet, sich selbst und andere zum Lachen zu bringen.

D Dialog, dialogisch: Rhythmikunterricht ist immer dialogisch, nie frontal.

Durcheinandergehen

Durchsetzung (Anpassung, Führen und Folgen) (siehe *Ich entdecke DICH*, Seite 126ff)

Dynamik: Dynamisches Geschehen ist bewegtes Geschehen.

E Ebenen (im Raum)
Empfinden
Entfaltung
Entspannung (siehe auch *Rhythmik bei Stress* S. 157)
Entwicklung
Erdung: Erden bedeutet, die Harmonie zwischen Schwerkraft und Bewegung (Haltung) herzustellen. Geerdetes Stehen ist Stehen mit gutem Bodenkontakt, bewusst von der Körpermitte aus gehalten.
Erfahrung
Erfinden
Erleben
Eutonie: Die Eutonie will „ … durch vertiefte Aufmerksamkeit und bewusste Einwirkungen … den Spannungszustand (des) gesamten Muskel- und Nervensystems regulieren." (*Gerda Alexander, Kopenhagen, 1978*)
Experimentieren

F Fächerübergreifende, fächerverbindende Arbeitsweise
Fallschirm
Farbe
Feudel, Elfriede (1890–1966): Schülerin von Emile Jaques-Dalcroze. Sie entwickelte die Rhythmische Gymnastik in Deutschland zur Rhythmisch-Musikalischen Erziehung weiter, da ihr vor allem der erzieherische Ansatz der Rhythmik am Herzen lag. In ihren Büchern *Rhythmisch-Musikalische Erziehung* (1938), *Durchbruch zum Rhythmischen in der Erziehung* (1949) und *Dynamische Pädagogik* (1963/1994), vertritt sie diesen Weg, der auch noch heute für viele Rhythmiklehrer/-innen Grundlage ihrer Arbeit ist (siehe auch *Amélie Hoellering*).
Form: „Form entsteht, wenn die am Material eingesetzte Kraft sich in vollkommener Ausgewogenheit zu den Gegebenheiten von Zeit und Raum befindet …." (*Elfriede Feudel, 1949*)
Fortbildung: Viele Institutionen in Deutschland und im benachbarten Ausland bieten Rhythmik-Fortbildungen mit unterschiedlicher Zeitdauer und Schwerpunkten an (siehe *Anhang*, Seite 182)
Freude
Fühlen
Führen und Folgen

G Ganzheitlichkeit
Geschehen lassen
Geschichte der Rhythmik: Einen guten Überblick ermöglichen die Autoren Bünner und Röthig, *Grundlagen und Methoden rhythmischer Erziehung*, Stuttgart 1975.
Geschicklichkeit

Geräte: Klassische Rhythmikgeräte sind Seile, Bälle, Reifen, Stäbe, Holzblöcke, Tücher, Verschränkstäbchen, Holzkugeln, Sand-, Reis-, Bohnensäckchen.
Die Einfachheit von Geräten und Materialien wirkt bewegungs- und spielanregend. Darüber hinaus werden weitere Geräte: Schwungtuch, Fallschirm, Riesenbälle und Ballons, Pedalo, Therapiekreisel, dicke und dünne Taue, Heulschläuche usw. eingesetzt.

Gestaltpädagogik: „Die Gestaltpädagogik versteht sich als umfassendes Konzept ganzheitlicher Pädagogik, welches die persönichkeitsfördernden Ansätze und Methoden verschiedener Konzepte humanistischer Psychologie und Pädagogik, der Gestalttherapie, des Psychodramas und der Gruppendynamik mit europäischen Traditionen der Reformpädagogik verbindet und integriert." (*René Reichel, Eva Scala*)

Gestaltung, Gestaltungen

Gleichgewicht (siehe Seite 33 und 117ff)

Glockenspiel (siehe *Orff-Instrumente*)

Grenzen, Grenzbereiche

Guiro: auch „Gurke" genannt, ist ein südamerikanisches Rhythmusinstrument aus Holz oder Kürbis, oft in Gurken- oder Fischform mit Rillen, die beim Darüberstreichen mit einem Hölzchen ein „ratschendes" Geräusch geben.

H **Haltung:** Im Rhythmikunterricht wird vor allem im Bereich der Körperbildung an einer natürlichen Haltung gearbeitet, das heißt Erden, Zentrieren, Förderung von Gleichgewicht und Balance, bewusste Wahrnehmung des Aufrechtseins aus der eigenen Mitte heraus.

Heilpädagogik

Heim

Hoellering, Amélie (1920–1995): Rhythmiklehrerin, Psychagogin, Schülerin von Elfriede Feudel, Gründerin (1961) und langjährige Leiterin des Instituts „Rhythmikon" in München.

Hören, horchen

Holzklötze

Hort

I **Improvisation**
Individualität

Instrumente in der Rhythmik
  Orff-Instrumente (*siehe dort*)
  Melodieinstrumente:
Klavier, Flöte, Geige, Gitarre, Saitenspiel, Kantele (*siehe dort*), Stabspiele (siehe *Orff-Instrumente*)
  Rhythmusinstrumente:
Metallklinger: Becken, Fingercymbeln, Triangel, Gong, Glocken, Schellen …
Holzklinger: Klanghölzer, Holzblock-, Röhrentrommel, Guiro, Ratsche, Kastagnetten …

Rasselartige: Cabasa, Rasseln verschiedener Größen, Arten und Füllungen, Rainmaker (Regenmacher) …
Trommelartige: Djembe, Conga, Bongo, Pauke, Rahmentrommel, Tamburin, Steeldrum, Indianertrommeln …
Außerdem: Schlagzeug, Kontrabass, Keyboard …
Selbst gebaute Instrumente: Nussrasseln, Rasselbüchsen, Schwirrholz, Kokosnüsse, Nusskastagnetten, Bambusflöten, Klappern, Flaschen-, Gläserspiele (mit Wasser), Schellen, Trommeln, Astxylofone …

Intelligenz, Intellekt

J Japanbälle (siehe *Ich entdecke das Material*, S. 82)
Jaques-Dalcroze, Emile (1865–1950): Genfer Musikprofessor, entdeckte, dass musikalische Strukturen besser nachvollzogen werden können, wenn sie körperlich erlebt und sichtbar werden. Er beschrieb 1921 in seinem Buch *Rhythmus, Musik und Erziehung* die Einwirkungen und Auswirkungen der rhythmischen Bewegung auf musikalische Vorgänge und entwickelte so eine Körper- und Bewegungsschulung in Verbindung mit Musik, von ihm noch *Rhythmische Gymnastik* genannt, die grundlegend war für die Rhythmisch-Musikalische Erziehung und die seine

Schülerinnen Mimi Scheiblauer, Elfriede Feudel, Charlotte Pfeffer u.a. in die ganze Welt trugen.
Jugendarbeit: Über die Rhythmik in der Jugendarbeit gibt es sehr wenig Literatur (Beispiel dazu in: Hans Zihlmann/Hermann Siegenthaler, *Rhythmische Erziehung*, Seite 71). Meine eigenen Erfahrungen und Beobachtungen in diesem Buch stützen sich vor allem auf die Arbeit mit Jugendlichen aus dem heilpädagogischen Bereich (Heim- und Wohngruppen) und auf die Rhythmik im Vorpraktikum (das heißt mit 15- bis 18-Jährigen).

K Kaleidoskop: Altes Spielzeug, für die Rhythmik neu entdeckt. Die Röhre zum Durchschauen, mit Spiegeln und kleinen, bunten Glassplittern im Inneren, die sich durch Schütteln oder Drehen der Röhre zu immer neuen Mustern formieren.
Oktoskop, Spectroskop: Durch die Spiegelanordnung im Inneren der Röhre vervielfacht sich das Bild oder es zerlegt sich in viele Facetten.
Kantele: Saiteninstrument in verschiedenen Größen, in der Pädagogik (besonders der Waldorfpädagogik) meist fünfsaitig und pentatonisch gestimmt. Finnisches Nationalinstrument
Kennenlernen, Kennenlernsituationen

Kerzen (als Rhythmikmaterial)

KIB (Konzentratives Integratives Bewegungsübungsverfahren) ist es ein Verfahren, das vor allem mit Problemzonen des Körpers (z.B. Lendenwirbelsäule, Nacken …) arbeitet. Das KIB ist Hilfe bei der Dynamisierung und dem Beweglichwerden des Körpers. Weitere Ansatzpunkte dieser Körperarbeit sind Gleichgewichts-, Impuls- und Spannungsübungen.

Kinästhetischer Sinn: Der Muskel-Lage-Fühlsinn

Klanggesten: Alle Klänge, bei denen der Körper ohne Hilfsmittel als Instrument benutzt wird (klatschen, patschen …).

Körper, Körperbildung (siehe auch *KIB*, *Eutonie*, *Sensory Awareness*)

Körperinstrumente (siehe auch *Klanggesten*, *Stimme*)

Körperkontakt

Körpersprache: Durch die Körpersprache wird die Wechselbeziehung von Körper, Geist und Seele sichtbar. Zur Sprache des Körpers gehören neben der verbalen Sprache auch Mimik, Gestik, Haltung, Bewegung. „Unsere Körpersprache ist deutlicher als die Worte…" (*Samy Molcho*)

Körperwahrnehmung

Kommunikation

Kontakt: Wir lernen, wenn wir unsere Aufmerksamkeit auf etwas Bestimmtes richten. Durch diese Konzentration treten wir in Verbindung zu Menschen, Dingen und zur Natur.

Konzentration (siehe Seite 163f)

Koordination: Geordnetes Zusammenspiel; In der Rhythmik begegnen wir Koordinationsübungen unter anderem bei sogenannten „rhythmisch-metrischen Aufgaben" (z.B. Füße gehen das Metrum, Hände klatschen den Rhythmus der Oberstimme) oder bei Umschaltübungen (z.B. Umschalten von Gehen zum Klatschen, von linker Hand zu rechter Hand etc.).

Kraft

Kreativität

Kreisel

Kritik (an der Rhythmik): Prof. Reinhard Ring befasst sich in seinem Buch *Rhythmik die musikalische Bewegung* mit verschiedenen Kritikpunkten an der Rhythmik. Er kommt zur Schlussfolgerung: „Unser Verfahren ist so ungewöhnlich, dass wir die Kritik eben mehr brauchen (…). Nur durch Verständlichkeit und Eindeutigkeit können wir erreichen, dass die Rhythmik wieder häufig und direkt angegriffen, kritisiert, beurteilt und damit gewürdigt wird."
Diese Sichtweise gibt der Kritik an der Rhythmik einen positiven Stellenwert und unterstreicht deren Bedeutung als konstruktive Anteilnahme, die der Weiterentwicklung dient.

Kugel

L Lauschen

Lehrplan: Es wird manchmal die Meinung vertreten, dass die Rhythmik nicht in Lehrpläne eingezwängt, nicht mit Lernzielen befrachtet werden darf. Das ist grundsätzlich richtig. Wenn Lehrpläne jedoch weit gefasste Strukturen vorgeben, einen weiten Rahmen setzen, die Grundprinzipien beachten, aber viele Freiräume lassen, können sie hilfreiche Handreichungen für Fachleute darstellen, vor allem, wenn die angebotenen Inhalte in der Praxis mit eigenem Wissen und Können verbunden werden.

Leib

Leistung

Licht (und Schatten)

Literatur (siehe *Literaturverzeichnis*, Seite 182)

Luft (siehe *Ich entdecke die NATUR*, S. 151)

Lust

M Manipulation (lateinisch: *Handhabung, Kunstgriff, Kniff, undurchschaubare Beeinflussung*). Die Grenzen des bewussten Einsatzes von Erziehungsmitteln zur Erreichung eines pädagogischen Zieles hin zur Manipulation sind oft fließend.

Material (siehe auch *Ich entdecke das Material*, Seite 82); klassisches Rhythmikmaterial siehe *Geräte*.

Weitere Materialien, die in der Rhythmik eingesetzt werden: Murmeln, Kugeln, Teppichfliesen, Gläser, Korkklötze, Seile, Kreisel, Wolle, Papp- oder Plastikröhren …; Naturmaterial, wertloses Material, wie Zeitungen, Dosen, Papier, Fäden, Filmrollen, Folien, Kerzen …; außerdem: Farben, Materialien zum Verkleiden, Stoffe … Rhythmikmaterial soll ästhetische Qualitäten haben, ansprechend sein, und zum Spielen anregen.

Marimba (siehe *Orff-Instrumente*)

Marionette (siehe *Ich entdecke meinen AUSDRUCK*, Seite 142)

Methode

Metallofon (siehe *Orff-Instrumente*)

Metrum: Gleichmäßiger Grundschlag in der Musik, ohne Betonung

Mittler (siehe *Ich entdecke das MATERIAL*, Seite 82)

Motivation: Beweggrund, innere Bewegung auf etwas hin. „Motivation ist eine für alles Lernen unabdingbare Voraussetzung des Lernens …" (*Werner Corell*)

Musikpädagogik

Musiktherapie

N Natur, Naturmaterial: Diese Materialien bauen eine Brücke zur uns umgebenden Natur, führen zum Spiel mit den Elementen, zum Nachdenken und zu Gesprächen. (siehe *Ich entdecke die NATUR*, S. 150ff)

nonverbal: Viele Aufgabenstellungen der Rhythmik werden nonverbal ausgeführt, d. h. es wird nicht über die Sprache kommuniziert; Verständigung erfolgt durch Gestik, Mimik, Körpersprache und auch durch Musik.

O **Objekte** (siehe *Ich entdecke Objekte*, Seite 95)

Ordnung, Ordnungsübungen (siehe *Rhythmik in der Heilpädagogik*, Seite 19)

Orff, Carl (1895.–1982): Musiker, Komponist. Er suchte und fand sowohl in seinen Kompositionen als auch in der Musikerziehung neue Formen. Er gründete 1961 mit Gunild Keetman das Orff-Institut in Salzburg und war viele Jahre dessen Leiter.

Orff-Schulwerk: Die von Carl Orff entwickelte und beschriebene *Elementare Musikerziehung*, deren Ausgangspunkt die Improvisation (Körperinstrumente, elementare Instrumente) und das Zusammenspiel von Musik und Bewegung ist.

Orff-Instrumente:

Körperinstrumente

Stabspiele: Bass-, Alt-, Sopranxylophon, Glockenspiele, Metallophone, Marimba, Vibraphon, Klangbausteine

Fellinstrumente: Trommel, Tamburin, Pauke, Bongo, Conga

Rhythmusinstrumente: Rassel, Holzblock-trommel, Röhrentrommel, Schellenkränze, -bänder, -stäbe, Glocken, Claves (Klangstäbe), Cymbeln

Außerdem: Becken, Gong, Triangel, Lotosflöten, ergänzt durch Streichinstrumente, Flöten, Klavier, Gitarre

Ostinato: Eine musikalische Struktur, die beständig wiederkehrt; sie kann melodisch, rhythmisch oder harmonisch sein.

Outsider: Außenseiter in Gruppen erleben in der Rhythmik oft deren integrative Wirkung, da sie ihre eigenen Möglichkeiten einsetzen, verstärken und ausbauen können, aber nicht von äußeren Normen abhängig sind. Durch den fehlenden Leistungs- und Wettbewerbsdruck ermöglichen rhythmisch-kreative Übungen leichter die Entwicklung eines „Wir-Gefühls".

Oktoskop (siehe *Kaleidoskop*)

P **Pädagogik** (siehe *Nicht neu – aber gut! Den pädagogischen Ansatz der Rhythmik entdecken*, Seite 10)

Partitur: Aufzeichnung eines Musikstückes durch Noten, Zeichen, Grafiken

Pause: Pausen sind wichtige Formgestalten. Durch Innehalten können Aktionsprozesse neu erlebt, belebt und weitergeführt werden. Pausen ermöglichen Ruhe, Besinnung, Luftholen, Auftanken. Pausen in der Musik sind Gliederung und Ruhepunkt.

Pendeln: Das Hin- und Herbewegen zwischen zwei Polen, das Abwägen von verschiedenen Faktoren, um zu einer Mitte, zum (rhythmischen) Ausgleich zu finden.

Pentatonik: Fünftonreihe aus Ganztönen; sehr altes Tonsystem, unter anderem von Carl Orff für die Musikpädagogik wiederentdeckt. Sie eignet sich durch die fehlende tonale Spannung vor allem zum gemeinsamen melodischen Improvisieren.

Percussion

Phantasie

Phantasiereise: Ursprünglich aus dem Therapeutischen kommend, haben Phantasiereisen rasant Eingang in die Pädagogik gefunden. Damit zu arbeiten, erfordert ein hohes Maß an Vorsicht, Aufmerksamkeit, Beobachtung und Überlegung von Seiten der Erzieher/-innen.

Phrase: Ein (musikalischer) festgelegter und als solcher erkenntlicher Abschnitt (z.B. 8 Takte zum Bewegen).

Planung (siehe *Checkliste* und *Die goldenen Sieben*, Seite 62ff)

Polaritäten

Produkt, Produktivität

Projekt

Prozess

Puls

Qualität Quantität: Nicht Menge und Vielzahl rhythmisch-kreativer Übungen führt zum Verstehen, sondern das Sich-Einlassen auf Prozesse, auf sich selbst und auf andere.

Quodlibet: Zwei oder mehrere verschiedene Lieder weisen gleiche musikalische Formen und Harmonien auf und können daher gleichzeitig gesungen werden (*O du lieber Augustin*, *I fahr mit der Post*, *Stieflein muss sterben* oder auch *Zum Tanze, da geht ein Mädel* und *Heissa Kathreinerle*).

Rainmaker (Regenmacher): Ein Rohr (Bambus, Kürbis, Holz, Pappe), das innen mit Stäbchen versehen ist, so dass das Rasselmaterial (Reis, kleine Steine, Samen) langsam durch das Rohr läuft. Der Klang erinnert an Regentropfen. Die Intensität des Klanges kann gut gesteuert werden.

Raum, Raumerfahrung (siehe vor allem *Ich entdecke den RAUM*, Seite 68ff)

Reaktion (siehe *Ich entdecke meine REAKTION*, Seite 146ff)

Reflexion

Rezepte: Wie schwierig es ist, die Grenzen zwischen Anregung und Rezeptvermittlung zu ziehen, wurde mir beim Schreiben dieses Buches immer wieder bewusst. Kreativität entsteht erst, wenn eigene Ideen eingebracht und mit verwendet werden und sich so auf der Grundlage von Bekanntem, Vertrautem, etwas Neues, Eigenes entwickeln kann. Daher an dieser Stelle nochmals der Hinweis, die vorgestellten Aufgaben nicht direkt zu übertragen, sondern sie dem eigenen Können und vor allem der Gruppe gezielt anzugleichen.

Rhythmus (siehe Seite 11)

Rhythmikraum: Ein, für die Rhythmik geeigneter Raum soll klare Dimensionen haben, nicht zu groß oder zu klein und nicht mit unnötigen Dingen vollgestellt sein. Wichtig ist ein warmer, rutschfester Boden, der sich auch zum Barfußlaufen eignet. Der Raum sollte hell, freundlich und gut belüftbar sein. Oft müssen räumliche Kompromisse eingegangen werden (z.B. Klassenzimmer), die schwierigste Gegebenheit ist eine Turnhalle als Rhythmikraum.

Rollen (Gruppenrollen) (siehe auch *Clown*, *Outsider*): Gruppenrollen können die rhythmisch-kreativen Aufgaben beeinflussen. Die spezielle Art der Spielformen ermoglicht das Aufweichen und das Sich- Lösen von alten Rollen, wenn auch vorerst oft nur im Rhythmikunterricht.

Ruhe (siehe *Pause*)

S Schatten, Schattenspiele
Scheiblauer, Mimi: Schweizer Rhythmiklehrerin, Schülerin von Emil Jaques- Dalcroze, entwickelte die Rhythmik zur „Heilpädagogischen Rhythmik", die speziell das behinderte Kind als Zielgruppe hat. Dieser Ansatz der Rhythmik fand Eingang in viele pädagogische Bereiche über die Grenzen der Schweiz hinaus.

Schellen, Schellenband, Schellenkranz (siehe *Orff-Instrumente*)

Schwungtuch (siehe *Ich entdecke OBJEK-TE*, Seite 95)

Seele

Seifenblasen (siehe *Ich entdecke die NA-TUR*, Seite 153)

Seil

Selbstständigkeit (Anpassung)

Sensomotorik

Sicherheit

Signal: kurzes akustisches, visuelles oder taktiles Zeichen

Sinneserfahrung

Solidarität

Sozialisation

Spannung (Entspannung)

Spaß

Stimme (*Ich entdecke meine STIMME*, Seite 121ff)

Spiel, Spielformen, Spielregeln

Spielfähigkeit: Der Erwachsene, der mit Kindern rhythmisch-kreativ arbeiten will, muss selbst spielfähig sein. Er darf sich nicht anleitend zur Seite stellen, sondern muss sich von seiner Aufgabe begeistern lassen. Das heißt nicht, dass er unter allen Umständen immer mitspielen muss, manchmal ist genaues Beobachten der Situation wichtiger.

Spontanität

Sprache: Sie ist neben ihrer Rolle als Verständigungsmittel eigenständiges Medium in der Rhythmik. Sie wird vom Rhythmus getragen und steht damit in Verbindung mit Bewegung und Klang.

Stab

Stabspiele (siehe *Orff-Instrumente*)

Stille

Stimme

Struktur: Strukturen sind Rahmenbedingungen, die je nach Situation auch verlassen werden können. In der Rhythmik wird mit der „Freiheit innerhalb der Struktur" gearbeitet.

T Takt: regelmäßiger Wechsel von betonten und unbetonten Grundschlägen

Taktwechsel: Gerade und ungerade Takte wechseln regelmäßig oder unregelmäßig (z. B. Zwiefacher).

Tanz, Tanzformen

Tasten (siehe Seite 34ff und 114ff)

Therapie

Tempo

Tennisball

Trommel (siehe *Instrumente*)

Tuch, Tücher (siehe *Materialien*)

U Übertragung
Übung, Übungsform

Unruhe

Unsicherheit: Sie besteht vor allem in den Bereichen, die man (noch) nicht so gut kennt. Unsicherheit im Rhythmikunterricht kann sich u.a. in aggressivem Verhalten, im Nicht-Mittun-Wollen, in Ängstlichkeit und Gehemmtsein, aber auch in albernem Verhalten ausdrücken.

Unterbrechen (Wiederaufnehmen): Besonders Mimi Scheiblauer setzt Aufgabenstellungen ein, bei denen Unterbrechen geübt werden kann. Es trainiert die Körpersteuerung, ist aber auch eine schwierige soziale Aufgabe.

V variabel, Variationen: Veränderungen

Vertrautheit: Vertrauen erleichtert die rhythmisch-kreative Arbeit, soll aber nicht aufgedrängt werden.

Virtuosität: Auf außergewöhnliches Können wird in der Rhythmik kein besonderer Wert gelegt.

Vorstellungsvermögen

W Wahrnehmung
Warten (können) (siehe *Rhythmik beim Warten*, Seite 162)

Wechselspiel

Wertschätzung
Wertung
Weiterbildung (siehe *Anhang,* Seite 182)

X Xylophon (siehe *Orff-Instrumente*)

Y Yin und Yang: Das Yin-Yang Zeichen ist ein Ursymbol der Menschheit. Es zeigt die beiden Aspekte Yin und Yang (oft auch männlich und weiblich) in ihrer Verbindung durch das Ganze (TAO) zum Ganzen. Auch die Rhythmik benutzte früher dieses Symbol als Emblem, um zu zeigen, „ … dass die rhythmische Erziehung die rhythmische Gestaltung der Welt anstrebt. Wegen der Gefahr der Bezichtigung des mystischen Spinnertums wurde dann jedoch auf dieses Emblem verzichtet." (*Isabelle Frohne, 1992*)
Yo Yo: Altes, neu entdecktes Spielgerät

Yoga (sanskrit: *yui,* binden, vereinen, fesseln): Die Wurzeln liegen in der indischen Philosophie, die Bedeutung ist das „Anbinden aller Kräfte des Körpers, des Verstandes und der Seele an Gott" (*B.K.S. Jyengar, 1986*)

Z Zeit (siehe *Ich entdecke die ZEIT,* Seite 76ff)
Zentrieren: Die Mitte suchen, sowohl die körperliche, als auch die seelisch-geistige. Fernöstliche Lehren (Zen, Buddhismus, Taoismus), aber auch westliche, sprechen vom Bewegungsansatz „aus der Mitte" heraus (japanisch *hara,* Bauch). Westliche Traditionen finden die Mitte im Bereich von Lendenwirbelsäule und Kreuzbein (siehe *KIB*).
Zielgruppe (siehe *Für wen Rhythmik,* S. 17ff)
Zirkus
Zweistimmigkeit
Zwiefacher (siehe *Taktwechsel*)

Anhang

Literatur

Bayerisches Staatsministerium für Unterricht und Kultus (Hrsg.): Der Übergang vom Kindergarten zur Grundschule, Donauwörth 1976

Bayerisches Staatsministerium für Unterricht, Kultus, Wissenschaft und Kunst: Lehrplan für Fachakademien für Sozialpädagogik, hrsg. vom Staatsinstitut für Schulpädagogik und Bildungsforschung, München 1994

Becker-Textor, Ingeborg: Kreativität im Kindergarten, Freiburg 1997

Berent, Joachim-Ernst: Ich höre – also bin ich, München 1992[2]

Bünner, Gertrud / Röthig, Peter: Grundlagen und Methoden rhythmischer Erziehung, Stuttgart 1975

Danuser-Zogg, Elisabeth: Die Welt begreifen, Bewegungsarbeit und Rhythmik mit geistig behinderten Kindern, Sankt Augustin 1995

Delakova, Katya: Beweglichkeit, München 1984

Feudel, Elfriede: Durchbruch zum Rhythmischen in der Erziehung, Stuttgart 1965[2]

Feudel, Elfriede: Dynamische Pädagogik. Eine elementare Anleitung für rhythmische Erziehung in der Schule, Seelze-Velber 1994

Finkel, Klaus: Rhythmik als Bestandteil musikalisch-ästhetischer Erziehung im Elementarbereich. Handreichungen für den Musikunterricht, Lilienthal 1976

Frohne, Isabelle: Das Rhythmische Prinzip, Lilienthal 1981

Glathe, Brita / Krause-Wichert, Hannelore (Hrsg.): Rhythmik, Grundlagen und Praxis, Seelze-Velber 1989

Hart, Mickey: Die magische Trommel, München 1993

Herdtweck, Waltraud: Durch Bewegung zur Ruhe kommen, Modelle und Ideen aus der Rhythmik, München 1996

Herdtweck, Waltraud: Rhythmik, München 1995[2]

Hoellering, Amélie: Zur Theorie und Praxis der Rhythmischen Erziehung, Berlin 1972

Hoffmann-Muischneek, Sabine: Wie tönt grün?, Liestal 1989

Jaques-Dalcroze, Emile: Rhythmus, Musik und Erziehung, Nachdruck der Ausgabe von 1921, Seelze-Velber 1994[2]

Kepner, James I.: Körperprozesse, Köln 1988

Klöppel, Renate / Vliex, Sabine: Helfen durch Rhythmik, Freiburg 1997[4]

Kreusch-Jacob, Dorotheé: Musikerziehung, München 1995

Löscher, Wolfgang: Der Wind, das himmlische Kind, München 1989[2]

Löscher, Wolfgang: HÖR-Spiele, München 1997[6]

Metzenthin, Rosemarie: Schöpferisch Spielen und Bewegen, Zürich 1988

Neikes, Johannes L.: Rhythmik, Sankt Augustin 1993[4]

Peter-Führe, Susanne: Rhythmik für alle Sinne, Freiburg 1997[4]

Petzold, Hilarion: Psychotherapie und Körperdynamik, Paderborn 1974

Rahm, Dorothea: Gestaltberatung, Paderborn 1998

Reichel, René / Scala, Eva: Was ist Gestaltpädagogik, Münster 1996

Reichel, Gusti / Rabenstein, Reinhold / Thannhofer, Michael: Bewegung für die Gruppe, hrsg. von der Arbeitsgemeinschaft für Gruppenberatung, Linz 1982

Ring, Reinhard: Rhythmik – die musikalische Bewegung, Solingen 1990

Seitz, Rudolf: TAST-Spiele, München 1997[8]

Seitz, Rudolf: SEH-Spiele, München 1995[6]

Schildknecht, Beth in Willi Gohl / Angelus Hux / Andreas Juon / Fredy Messmer / Toni Muhmenthaler / Walter Wiesli / Hansruedi Willisegger: Musik auf der Oberstufe, Thurgau und Zürich 1988

Stevens, John O: Die Kunst der Wahrnehmung, Gütersloh 1993[13]

Vogel-Steinmann, Brigitte: Was ist Rhythmik?, Regensburg 1979

Walter, Gisela: Feuer Wasser Luft Erde, Freiburg 1993

„Weißt Du, daß die Bäume reden? Weisheit der Indianer", Wien 1993

Wißkirchen, Hubert: Die wiederentdeckte Erziehung, München 1996

Wißkirchen, Hubert: Die Wiederentdeckung des schöpferischen Lernens, München 1986

Witoszynskyj, Eleonore / Schindler, Gertrude / Schneider, Margit: Erziehung durch Musik und Bewegung, Wien 1991

Zihlmann, Hans / Siegenthaler, Hermann: Rhythmische Erziehung, Hitzkirch 1988[3]

Zuckrigl, Hildegard und Alfred / Helbding, Hans: Rhythmik hilft behinderten Kindern, München 1994[3]

Fort- und Weiterbildungseinrichtungen

Akademie Remscheid/
Bundesverband Rhythmische
Erziehung
Küppelstein 34
D-42857 Remscheid
Telefon 02191/794-0; Fax /794-205

Bildungswerk Rhythmik e.V.
Neustraße 19
48629 Metelen
Tel./Fax 02556/7200
*Berufsbegleitende Zusatzausbildung
„Qualifikation für Rhythmische Erzie-
hung"*

Institut Rhythmikon –
Rhythmik als Bildungsprinzip
Schleißheimer Straße 22-24, Rgb
80333 München
Telefon 089/52314210
Fax 089/52314211
*Zusatzausbildung (Seminar), Berufsbeglei-
tende Weiterbildung und Fortbildungswo-
chenenden in Rhythmischer Erziehung für
Pädagogen, Therapeuten und Künstler*

„PädissimO" Arbeitsgemeinschaft zur
Weiterentwicklung pädagogischer
Kompetenz

Anfragen und Information über „Pädis-
simO" bei der Autorin
Helga Edleditsch, Portiastr. 17, 81545
München, Telefon 089/6422803

Rhythmisch-Musikalische Erziehung
e.V.
Drosselweg 10
65527 Niedernhausen
Telefon 06128/72825; Fax /72829

Studio Rhythmik in Kooperation mit
wirkstatt e.V.
Wilhelmstr. 18
76137 Karlsruhe
Tel. 0721/9377194
Fax 0721/9377195
Berufsergänzende Rhythmikfortbildung

Ausbildung zu Diplom-Rhythmikerin/-
innen (Musikstudium) an Staatlichen
Musikhochschulen:
Deutschland: Berlin, Detmold, Essen,
Freiburg, Hamburg, Hannover, Köln,
Lübeck, Münster (Detmold), Stuttgart,
Trossingen
Österreich: Wien
Schweiz: Zürich

Zum Schluss …

Dieses Buch soll nicht zu Ende gehen, ohne all jenen zu danken, die mich beim Schreiben tatkräftig begleitet haben. Ihre Hilfe als Fachleute beim Computern, Korrigieren, Redigieren und ihre konstruktive Kritik gab immer wieder die nötigen Impulse, baute auf, half weiter.

Also ein Stückchen dieses Buches gehört demnach auch (in alphabethischer Reihenfolge):

Anita, Anja, Alex, Alexandra, Claudia, Christian, Franziskus, Gerhard, Hubert, Katja, den Teilnehmer/-innen des Kurses 1996/2, die mit großer Ausdauer als Fotomodelle agierten, Martina, Maria, Maxi, Monika, Sigrid, Stefan, Sy, Tanja, Verena, den Foto-Kindern Câcilie, Marie, Leonhard, Vitus, Yarrin, Sarah und ihren Müttern, den vielen ungenannten Gesprächspartner/-innen, ganz besonders aber meinem „Sekretär", Fotografen, Kritiker und Ehemann Herbert.

Nachruf

Die Autorin, Frau Helga Edleditsch, verstarb unerwartet im Alter von 53 Jahren schon bald nach Erscheinen dieses Buches. In ihr begegnete uns ein lebensfroher, liebenswürdiger Mensch mit hoher fachlicher Kompetenz, der Kollegen, Studierende und viele andere für die Rhythmik begeisterte. Der Rhythmisch-kreative Ansatz war für sie nicht nur ein Unterrichtsfach im Rahmen der sozialpädagogischen Ausbildung, sondern ein spannendes Erziehungsprinzip, ja sogar eine Lebenseinstellung, und diese Bedeutung spiegelt sich auch in ihrem Buch wider. Als Kollege an der Katholischen Fachakademie für Sozialpädagogik München-Harlaching konnte ich das Wachsen und Werden ihres Buches mitverfolgen, denn Helga Edleditsch war immer interessiert an der Meinung und dem Rat anderer, insbesondere von Menschen, die in Sachen Rhythmik Laien sind. Über die fachlichen Inhalte hinaus vermittelte Helga Edleditsch mit der Rhythmik Sinnerfahrung, rhythmische Transzendenz und Spiritualität.

In Entdeckungsreise Rhythmik hat sie ihre langjährigen Erfahrungen in der Heimerziehung, aus dem Rhythmikunterricht mit angehenden Erzieherinnen und aus ihrer Fortbildungstätigkeit mit Sozialpädagogen, Therapeuten und Angehörigen anderer helfender Berufe niedergelegt. Sie hat damit ein Werk geschaffen, das von Anfang bis Ende Authentizität und Klarheit ausstrahlt. Entdeckungsreise Rhythmik ist eine Art Vermächtnis für alle, die beruflich mit Rhythmik zu tun haben oder anderweitig damit in Berührung gekommen sind. Es ist ein Geschenk für die, die in der Rhythmik die Befähigung zur Selbsterkenntnis, einen Weg zu individueller Kreativität und die Möglichkeit zu ganzheitlicher Entfaltung sehen.

Hubert Wißkirchen
Dozent für Pädagogik
an der Kath. Fachakademie
für Sozialpädagogik,
München-Harlaching